被災地と共に歩む

3.11生活復興支援プロジェクト

東海大学チャレンジセンター編

発行　東海教育研究所
発売　東海大学出版会

はじめに

２０１１年３月11日に東日本大震災が発生し、東北から関東を中心に日本全体を大混乱に巻き込んでいきました。私たちは、これまで１９９５年の阪神・淡路大震災、２００４年の新潟県中越地震など数多くの地震災害を経験していますが、東日本大震災は現代において最大規模の被害となってしまいました。さらに地震以上に津波や放射能汚染の影響が大きく、被害の長期化・拡大化など数多くの複雑な問題を私たちに投げかけています。

復興支援は時間経過とともに刻々と変化する被災地の現状を把握し、早期に準備を開始し、ニーズに沿った活動を構築しなければなりません。そこで大震災発生直後から、これまでつながりのある震災ボランティアネットワークを通じてさまざまな情報の収集に努めました。さらに、大学の研究者や大学にかかわる者として、率先して支援活動に参加すべきだとの考えを、大震災翌日の12日には東海大学チャレンジセンターに提案しました。すると学生たちも同様の考えであることがわかり、次年度の活動予定を変更して復興支援の活動を進めることになりました。そして大学の承認を得て、特別プロジェクト「３・11生活復興支援プロジェクト」を３月31日に正式に立ち上げました。

３・11生活復興支援プロジェクト
プロジェクトアドバイザー　**杉本洋文　教授**（工学部建築学科）

本プロジェクトは、被災地の生活復興のために学生と教職員が中心となって幅広いネットワークを生かし、支援活動することを目的に掲げ、４月から本格的に活動を開始しました。被災地の状況が明らかになるにつれて、その被害の深刻さも伝わってきました。当初は人命救助と被災者の生命維持の活動が中心に行われましたが、生活再建のためには市民ボランティアなどによる多種多様な支援活動が引き続き求められます。被災地の一刻も早い生活復興の問題解決に向けて大学ができることは何かを考え、学生とともに実践活動を企画していきました。

東海大学は全国にキャンパスを展開しており、学内外に多彩な人材とネットワークが備わっています。この多様なリソースを連携させることによって、本学だからこそできるＵＳＲ（大学の社会的責任）による支援活動ができると考えました。また、従来の災害復旧支援のように「被災地の環境を元に戻す」だけでなく、新たな発想で生活環境を捉え、その活動を通じて「持続可能な復興支援とは何か」を考え、学んでいくことを目標としました。

各方面の支援を得ながらソフトとハードを組み合わせて「応急住宅チーム」「ライフメディアチーム」「コミュニテ

ィケアチーム」の3つのチームを編成し、さらにプロジェクト全体の司令塔として「プロデュースチーム」を設置。おおむね10年が必要になるといわれている支援期間を大きく4期に分け、第2期の復旧準備期から第3期の復旧期を対象に活動することを目指しました。

本書は、このプロジェクトの1年にわたる活動の全容を明らかにし、その目的や意義を検証するとともに、協力してくださった大勢の方々と経験を共有し、私たちがこの活動で実現できたこと、あるいはできなかったことを再確認し、次年度以降の支援活動を継続するためには何をなすべきかを考える機会にしたいと考えて企画しました。

復興の兆しがようやく少しずつ見えてきたものの、被災地ではいまだに多くの支援を必要としています。私たちはこれからも被災地を訪れ、地元の方々の声に耳を傾け、一緒に課題を解決していく――「被災地と共に歩む」ことを目標に活動を継続していきたいと考えています。そして、このプロジェクトにかかわった学生が大学を卒業した後も、協働した多くの方々とともに東北の未来のために力を注いでくれることを願っています。

最後に、未曽有の被害をもたらした東日本大震災は、一瞬のうちに2万人近くの人命を奪い、大きな痛手を残しています。被災地に住む方々が1日も早く生活復興されることを祈りつつ、私たちはこれからも復興の道筋にかかわり続ける決意です。

岩手県大船渡市三陸町越喜来地区（2011年4月3日撮影）

◆目次◆

Column

第3章　大学の知を復興に生かす　69

Interview

JR東日本大船渡線の大船渡駅（2011年4月3日撮影）

第1章

3・11生活復興支援プロジェクトの軌跡

東日本大震災からの復興を支援しようと、東海大学チャレンジセンターでは2011年3月31日、「3・11生活復興支援プロジェクト」を正式に立ち上げた。以来、被災地の人々の要望をもとに、深刻な被害を受けた地域の生活再建を目的とした多彩な活動を学生や教職員が中心となって展開している。

3.11 Life Care Project
生活復興支援
Emergency House　Life Media　Community Care

プロジェクトの全体像

学生が中心となって計画を立ち上げた

大震災の翌日から、復興支援のために学生たちが動き出した。自分たちに何ができるのかを考え、悩みながらも、被災地に住む人々への彼らの思いは、やがて東海大学として取り組むための復興支援プロジェクトへと広がっていった。そして3月31日、東海大学チャレンジセンターに「3・11生活復興支援プロジェクト」が正式に発足した。

大震災の翌日から知恵を出し合う

「3・11生活復興支援プロジェクト」が発足に向けて動き出したのは大震災の翌日だった。

「テレビや新聞で被災地の様子を見て、まず考えたのは、『自分たちに何ができるのか』ということでした」と、プロジェクトリーダーの下田奈祐《だいすけ》（工学部4年）は振り返る。

プロジェクト設立の中心となった学生は、湘南校舎周辺地域の活性化を目指して活動している東海大学チャレンジセンター（※）「キャンパスストリートプロジェクト」のメンバー。

その中でも、ビーチハウスを拠点に地域活性化に関する活動を展開してきたTCDI（東海大学コミュニティデザイン研究体）チームに所属する工学部建築学科の学生たちだ。

例年どおり7月に平塚海岸にビーチハウスを建設する予定で、2011年の年明けから準備を進めていた。

「震災が発生したのは、夏に建てるビーチハウスのデザインを決定する時期。4月の活動本格化に向けたタイミングでした。それでも連日、被災地から送られてくる報道に触れる中で、ビーチハウスを作っている場合じゃない。自分の家や住んでいた街を失った人に

2011年3月11日午後2時46分に発生した東北地方太平洋沖地震。地震の規模を示すマグニチュードは9.0、最大震度7と、日本国内においては観測史上最大の地震となった。また、これによって大規模な津波も発生し、多数の死者・行方不明者を出した

神奈川県にある湘南校舎でも余震が続く中、TCDIチームに所属する工学部建築学科の学生を中心に、プロジェクト発足に向けての議論が進められた

※東海大学チャレンジセンター　学部の枠をこえた学生たちが、自由な発想で企画したプロジェクト活動を通じて「集い力」「挑み力」「成し遂げ力」を体得し、社会的実践力を身につけることを目的としている。また、「3つの力」をプロジェクト活動に生かすために、演習を多く含む「行動する授業」チャレンジセンター科目も開講されている。

手を差し伸べずにビーチハウスを完成させたとしても、心から喜べないと思ったんです」（下田）

チャレンジセンターでのビーチハウス建設の経験と建築学科での学びを生かして、被災地のためにできることはないか——。

湘南校舎のある神奈川県でも余震が続き、鉄道も通常どおり運行していない状況の中、TCDIチームのメンバーを中心にEメールやインターネットのSNSサイト「Facebook」を使って意見を交換し合った。

ビーチハウスの活動をサポートしてきた杉本洋文教授（工学部建築学科）や深谷浩憲係長（チャレンジセンター推進室）にも相談した結果、「ビーチハウスの建設費用にあてる予定だった活動費を使って、被災した人に役立つ建物を作ろう」と皆の決意が固まり、その実現に向けた準備をスタート。

TCDIチームの思いが詰まったこの計画は、東海大学全体として復興支援に取り組むためのプロジェクトとして広がっていった。

総合大学の特色を生かし 復興を多角的に支援

そして3月31日、チャレンジセンターでは特別プロジェクト、3・11生活復興支援プロジェクトを正式に立ち上げた。

本プロジェクトは、総合大学ならではの多様な専門分野やヒューマンネットワークを生かし、被災地の生活復興のために学生と教職員が共に考え、実践していくことを活動の柱とすることが決まった。従来の災害復旧支援のように「被災地の環境を元に戻す」だけの活

活動実績

ビーチハウスで地域の活性化を！

神奈川県平塚市の美しい海と砂浜を象徴するビーチハウスを建設し、市民と学生が共にその魅力を再発見、理解していこう——。

HIRATSUKA Beach House Project 2010

HIRATSUKA Beach House Project 2009
（撮影＝今村壽博）

ワークショップ

チャレンジセンター「キャンパスストリートプロジェクト」のTCDIチームが主体となって、2007年から毎年夏に実施しているビーチハウスプロジェクト。設計から施工、運営管理、イベントの開催まで、平塚市の協力を得ながら学生が主体となって実施してきた。ビーチハウスのデザインは、工学部建築学科の1年生が授業で取り組んだ課題がベースとなっている。

市民・行政・学生の3者による地域活性化活動を目指し、期間中はビーチハウスを舞台にした写真展やコンサート、ビーチクリーンなどの多彩なイベントを開催。08年の秋には、前年度に設計・施工したビーチハウスを再利用して、横浜市海の公園（横浜市金沢区）に「砂浜の図書館」を期間限定でオープン。ビーチでの新たな過ごし方を提案した。

図① 支援計画

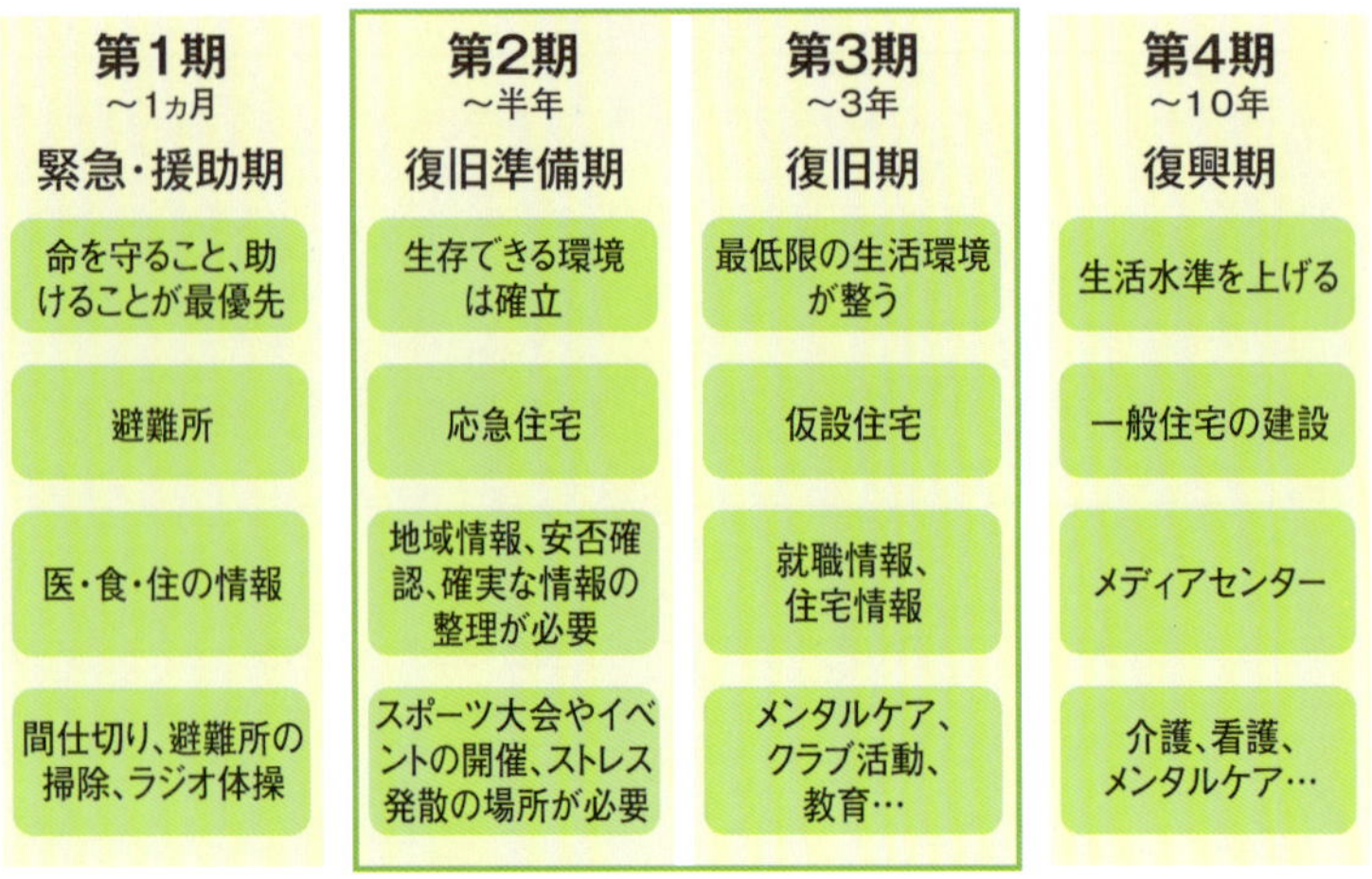

第1期 〜1ヵ月 緊急・援助期	第2期 〜半年 復旧準備期	第3期 〜3年 復旧期	第4期 〜10年 復興期
命を守ること、助けることが最優先	生存できる環境は確立	最低限の生活環境が整う	生活水準を上げる
避難所	応急住宅	仮設住宅	一般住宅の建設
医・食・住の情報	地域情報、安否確認、確実な情報の整理が必要	就職情報、住宅情報	メディアセンター
間仕切り、避難所の掃除、ラジオ体操	スポーツ大会やイベントの開催、ストレス発散の場所が必要	メンタルケア、クラブ活動、教育…	介護、看護、メンタルケア…

図② 組織図

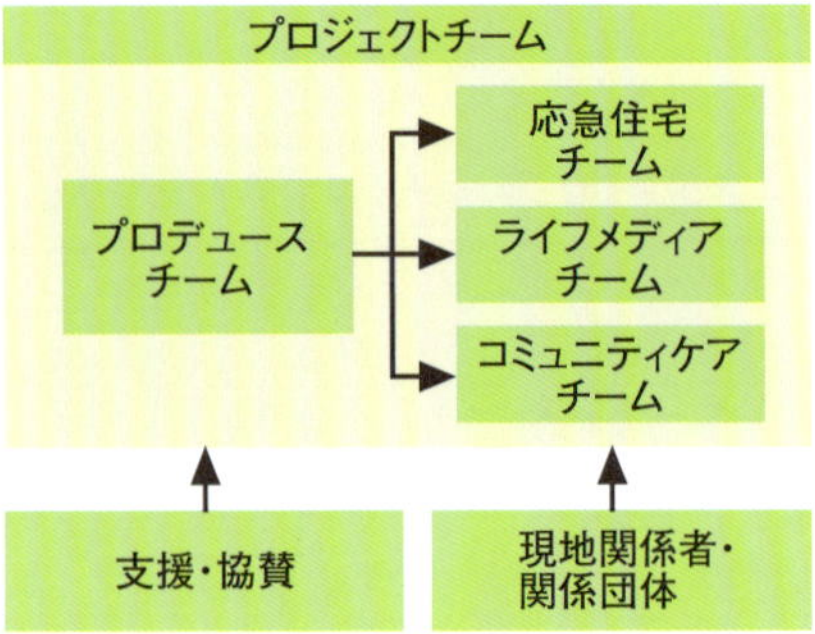

動ではなく、新たな発想で生活環境を捉え、その活動を通じて「持続可能な開発のための復興支援とは何か」を考え、学んでいこうというのが特徴だ。

　具体的には、支援計画を緊急・援助期から復興期までの4期10年に分け、第2期から第3期までを支援活動の対象に設定＝図①参照。外部の専門家や地元と連携しながら、応急仮設建築物の提案と建設作業に取り組む「応急住宅チーム」、被災地でのコミュニティ・メディア活動を行う「ライフメディアチーム」、被災地のニーズに基づいた交流イベントなどを企画・実施する「コミュニティケアチーム」の3チーム編成で活動を展開していくことになった。

　そしてプロジェクト全体の司令塔となる「プロデュースチーム」が、活動全体の企画・立案から事業調整、資金確保、広報活動を行う＝図②参照。

　プロデュースチームの総合統括にはチャレンジセンターの大塚滋所長（法学部教授）、学生の代表でもあるプロジェクトリーダーには下田が就任した。

　大塚所長は、「チャレンジセンターではこれまで、『集い力』『挑み力』『成し遂げ力』を身につけたUniversity Social Responsibility（大学の社会的責任）型の人材育成をテーマに掲げてさまざまな活動を展開してきました。今回のプロジェクトもその延長線上にあります。大事なのは自分たちの活動の意味を考え、被災地のニーズに応えつつ息の長い支援をしていくこと。単なる〝復旧〟ではなく、被災地が震災以前の暮らしを取り戻し、再び活性化していくための〝復興〟を支援していくことに意味があると考えています」と語る。

活動の趣旨に賛同して たくさんの仲間が協力

　被災地を支援するために、3・11生活復興支援プロジェクトという活動母体はできた。次は、それを共に考え、行動する〝仲間〟を集めよう――。

　プロジェクトの発足にはTCDIチームが中心となってかかわってきたが、応急住宅チーム、ライフメディアチーム、コミュニティケアチームの3チームを運営していくためには、マンパワーが足りない。

　「TCDIチームはビーチハウスを建築するために集まったチームなので、建築学科の学生がほとんど。今回の復興支援プロジェクトの実現に向けて試行錯誤をしている段階から、『4月の新学期になったら、いろいろな学部・学科の学生を募集しよう』と皆で考えていました。でも、それより先に、チャレンジセンターという身近な場所にも仲間になってくれそうなプロジェクトがたくさんありました」（下田）

　たとえば、国内はもちろん、南アフリカやオーストラリアで開催されたソーラーカーの国際大会で数々の優勝経験を持つ「ライトパ

応急住宅チーム

・ウッドブロックシステムやソーラーパネル、バイオトイレを導入した応急仮設建築物「どんぐりハウス」の開発と建設

▶被災者の簡易的居住スペースや、現地ボランティアの活動拠点として利用することを目的とした応急仮設建築物を提供。ウッドブロックを採用することで、学生や現地ボランティアでも建設可能な木造建築物とする。また、屋根にソーラーパネルを設置して、建物内部のＬＥＤ照明やテレビ・パソコンなどの情報機器、携帯電話の充電設備のための電源が提供できる。

ライフメディアチーム

・被災地の復興の様子を子どもたちの目線で記録する「こどもテレビ局」を企画

▶被災地の復興の様子を子どもたちの目線で記録し、テレビ番組を制作、発信する。制作は大学生が支援し、約30分程度の番組を現地の子どもと作り上げ、地域での上映会や放送を行う。子どもの目線で災害の記憶や復興の経過を記録することによって、“子どもたちにとっての復興”を映像メディアとして発信する。

コミュニティケアチーム

・被災地のニーズを最優先に、「集い」をテーマにしたイベントの企画
・「どんぐり募金」の実施

▶被災者の方々に喜びや元気、笑顔を取り戻してもらいたいと発足したチーム。「人々が集うことで人と人とが“つながる”」をコンセプトに、現地のニーズに応えながら、どんぐりハウスが完成した後も地域とのつながりを築き、現地の方々との交流を柱とした支援活動を展開する。また、被災地に対する間接的な支援として「どんぐり募金」を実施している。

ワープロジェクト・ソーラーカーチーム」。ソーラーパネルやバイオトイレを用いた自立型設備システムの採用を当初から考えていた応急住宅チームは、ぜひとも協力してもらいたいと同チームに依頼し、快諾を得た。

　このほか、プロジェクトの活動趣旨や活動状況、新メンバー募集を知らせるためのホームページの立ち上げなどは、フリーペーパーを制作して大学と地域の情報を紹介しているキャンパスストリートプロジェクトのThLive!（スライブ）チームが協力。新学期になると、ホームページや学内掲示板などでプロジェクトの活動を知った学生が、「ぜひ一緒に活動したい」と集まってきた。

　そして5月には、2009年に学校法人東海大学が全学園的に実施した「東海大学皆既日食観測プロジェクト」（※）を盛り上げた文学部広報メディア学科の学生たちも、ライフメディアチームの一員に加わった。

　「スタートした時点では、この活動のゴールがどこにあるのか、リーダーである僕自身が全くわかっていませんでした。ある時点での達成度が、全体の達成度の何割ぐらいを占めるのかも見えなかった。ただ、今できることをとにかく進めなければと、無我夢中に突っ走っていました」と、プロジェクトリーダーとなった下田は発足当時を振り返る。

　大震災の翌日から動き出した学生による被災地支援の輪は、こうして少しずつ広がっていった。

※東海大学皆既日食観測プロジェクト　2009年7月22日、日本国内で46年ぶりに観測できる皆既日食に合わせ、学校法人東海大学が実施したプロジェクト。北海道から沖縄に広がる各教育研究機関と奄美大島に計21の観測拠点を設けて日食を観測するとともに、東海大学が所有する海洋調査研修船「望星丸」が皆既日食の観測できる海域を航行し、洋上から撮影した映像を生中継した。

Emergency House Team

応急住宅チーム

どんぐりハウスを設計 被災地に建設する

「3・11生活復興支援プロジェクト」は、設立の中心となった工学部建築学科の学生たちの持つノウハウを生かし、「応急住宅チーム」による被災地への応急建築物提供を目標に活動がスタートした。独自の〝ウッドブロック構法〟を開発し、5月から6月にかけて、大船渡市と石巻市に「どんぐりハウス」を建築した。

どんぐりハウスのCGイメージ

当面、被災地からのニーズが最も大きいと考えられる応急住宅の建設を軸に活動を開始した「応急住宅チーム」のメンバーたち。Facebook上で議論を重ね、活動の概要を固めたうえで、応急建築物のアイデアを詰めていった。

応急住宅チームのリーダーとなった渡邉光太郎（工学部4年）は、「プロジェクトアドバイザーの杉本洋文教授（工学部建築学科）が、2004年の新潟県中越地震の際、間伐材を使った応急住宅〝丹沢・足柄まごころハウス〟を提供する活動をしていたこともあり、まずはまごころハウスを東北地方のどこかに建てようと話し合いました」と話す。

もちろん、このときには具体的な建設地など決まっていなかった。でも、とにかく何かできることをしたい――そんなメンバーたちに難問が降りかかる。まごころハウスの建築には合板が必要だが、今回の震災で大半の工場が被災。さらに国や自治体が仮設住宅建設に必要な合板を大量確保した影響で、一般では手に入りにくくなってしまったのだ。

杉本教授は、「材料が入手できなくては活動できません。そこで、一から設計をやり直し、別の方法で応急住宅を作ることにしました」と語る。

被災地に迅速に建設するためには、誰にでも簡易に組み立てがで

杉本教授の研究室が2004年の新潟県中越地震の際に現地へ送った「丹沢・足柄まごころハウス」

きなければならない。そこで学生たちと杉本教授は、独自のウッドブロック構法を考え出す。角材を積み重ねて壁や柱、梁などのパーツごとのブロックを作成、それらをビスで組み合わせるというものだ。寒冷地に建てることを踏まえ、ブロック内には断熱材も入れる。

　こうしてプロジェクトオリジナルの応急建築物の構想は、実現に向けて動いていった。メンバーたちはこの建物を「どんぐりハウス」と名づける。山火事が起きた後に、いちばん最初に芽を出して森を再生するのがドングリ。復興に向けた思いを込めた。

　同時に、利用者の利便性や〝持続可能な復興〟というキーワードに沿って、どのような設備が必要か、話し合いも進めていた。震災直後ということもありインフラの整備も問題になる。自立型のシステムを取り入れるべきだという意見から、ソーラー発電パネルや工学部建築学科の高橋達《いたる》准教授が研究していたバイオトイレを設置するアイデアも出た。

　さっそく関係者に交渉し、同じチャレンジセンターの「ライトパワープロジェクト・ソーラーカーチーム」のプロジェクトアドバイザーを務める木村英樹教授（工学部電気電子工学科）と学生らの協力も得ることになった。屋根には停電と節電対策として、三洋電機（現パナソニック）製の太陽電池モジュールを設置。発電した電気をパナソニック製の電気自動車用鉛蓄電池に充電することで、夜間でもLED照明が使えるようにした。

岐阜県揖斐川町で木材加工
延べ30人の学生が参加

　どんぐりハウスの概要が決まり、設計図が学生たちによって作られていく。しかし、まだ肝心の建設地は決まらない。それでも材料となる材木の手配は進んでいた。杉本教授と旧知の木造専門会社で、岐阜県揖斐川《いびがわ》町にある㈱スギヤマから協力を得られることになったのだ。プロジェクトが正式に動き始めた4月1日、渡邉らが岐阜を訪問。加工方法などの打ち合わせを行い、6日には工学部建築学科で学ぶメンバーを岐阜へと派遣、加工作業に入った。

　スギヤマから安価で提供を受けたのはヒノキの間伐材2000本。もちろんこのままでは建物にはできないので、これを当初は7人のメンバーの手でウッドブロックへと加工していく。しかしこの時点での設計図は大枠となる平面図、立面図などしかなく、手探りの状態が続いた。

　渡邉は「事務所の一画をお借りしてパーツごとの設計図を引き、加工しているメンバーに渡す。すぐ隣で働いていらっしゃる大工さんに〝ここはどうすればできますか?〟と何度も相談しました」と振り返る。「〝こんなのもわかんないのかい?〟と言いつつも、皆さんに快く協力していただきましたが、なにぶんパーツの数が多く、人数が足りません。

湘南校舎でウッドブロックを試作する

すぐに湘南校舎から応援を呼びました」

　その間も、渡邉は肉体労働を担うメンバーが眠る横で、徹夜で設計を続けた。「僕が図面を作らなくては、翌朝には仕事が止まってしまう。そのころすでにゴールデンウイークに岩手県大船渡市でどんぐりハウス建設が決まっていたので、焦りました」

　4月21日までの約2週間、プロジェクトの活動を知った建築学科以外の学生も岐阜まで駆けつけるなど、延べ30人にも及ぶメンバーが作業に参加。全部で40種類、実に237個ものパーツを作り上げっていった。

　大学周辺にアパートを借りているメンバーは「家にいるより岐阜にいるほうが長いので、家賃がもったいない（笑）」と言いながらも、全員がどんぐりハウスの完成を目指し、作業に没頭していった。

建設地がようやく決定
住民が集える場所に

　どんぐりハウスをどこに建てるのか――。岐阜での木材加工と並行して、建設地を決める活動も続けられていた。4月2日、プロジェクトリーダーの下田奈祐《だいすけ》（工学部4年）と広報リーダーを務める山内昇（同）、プロジェクトのアドバイザーに就任した木村教授、コーディネーターの深谷浩憲係長（チャレンジセンター推進室）は、津波によって大きな被害を受けた大船渡市に向かっていた。

　プロジェクトの活動に協力、参加することになったライトパワープロジェクトのOBである卒業生が、大船渡市三陸町に縁があったことがきっかけで、どんぐりハウスを建設できる可能性が伝えられたのだ。

「卒業生のお父さんが三陸町の出身で、親戚にも被災された方が大勢いらっしゃるということでした。学生たちの復興支援活動について紹介したところ、津波で流失した公民館をぜひ建ててもらえないか、というお話をいただいていたのです」（木村教授）

　一行は東北自動車道を北上し、途中で宮城県石巻市などを視察、3日に大船渡市へと入った。津波の被害が大きい大船渡市街や、三陸町越喜来《おきらい》泊《とまり》地区を回る。

「実際に被災地を訪れ、自分の目で見て感じた景色は、テレビで流れていたものとはまるで違っていて、本当に心が痛みました」と下田は振り返る。

　泊地区では区長の今野貴久雄さんらと面談。集落の中心部にあった公民館が流失して、被災した住民が集まる場所がないこと、高台にあり最近は使われていなかった牛舎を仮の災害対策本部とし、支援物資の倉庫として使用していたこと、自治体などからの広報はその牛舎の外壁にただ張らざるを得ない状況であることなど、「地域復興の核となる施設が必要」という現状を目の当たりにした。

　また、東海大学の山田清志副学長とかねてから交流のあった大船渡市議の三浦隆さんや、杉本教授が理事長を務めるNPO法人アーバンデザイン研究体のメンバーで、復興支援活動を計画していた財団

岐阜県揖斐川町にある㈱スギヤマでの作業。2000本のヒノキの間伐材をウッドブロックへと加工していく。延べ30人の学生が参加し、全部で40種類、237個のパーツを作り上げた

法人日本地域開発センター主任研究員の佐藤賢一さんらの仲介もあって、戸田公明大船渡市長とも面談した。

　こうして、牛舎横の空き地に応急公民館としてどんぐりハウスを建てることが正式に決まった。

「実際に建物を使用する方たちを巻き込んで一緒に作り上げたい。現地の人の目線に立ち、一緒に復興へと歩もう」と決意を新たにしたメンバーたち。

　湘南校舎に戻ると大船渡市の建設予定地から持ち帰った土を分析するために、藤井衛《まもる》教授（工学部建築学科）に協力を依頼。地盤の固さに合わせて基礎部分の設計を改良していった。

大船渡市三陸町越喜来泊地区を視察する木村教授（左から２人目）ら。「地域復興の核が必要」という現地の声を聞いた

建設開始後の５月４日、戸田大船渡市長（写真右）を再訪。揖斐川町長からの応援メッセージを杉本教授が手渡した

岩手県大船渡市三陸町越喜来泊地区 復興に欠かせない住民の共有スペースとして

　岩手県大船渡市三陸町越喜来泊地区は、65世帯約200人が暮らす、普段は静かな集落だ。住民の多くは地区の目の前に広がる越喜来湾でワカメやホタテ、ホヤの養殖といった漁業のほか農業なども営んでいる。

　2011年3月11日に発生した東北地方太平洋沖地震による津波は、防潮堤や三陸鉄道の線路を越えて町を破壊。地区内の約半数の民家だけでなく、越喜来小学校や同地区の公民館も押し流した。

　公民館で総務の仕事を務める佐川静香さんは、「情報を共有したり、住む場所を探す悩みなどの問題を地区のみんなで解決したりするための〝場所〟が必要でした」と話す。大船渡市議会の三浦市議は、「公民館は地域復興の重要な拠点。学生の皆さんの協力は本当にうれしい」と語っている。

共同作業で生まれた絆を支援に　大船渡

「3・11生活復興支援プロジェクト」が取り組む復興支援活動の第1弾、応急公民館として大船渡市三陸町越喜来泊地区に建設が決まった「どんぐりハウス」。岐阜での加工作業も終わり、学生たちは一度湘南校舎に戻り、作業本番に備えた。建築用の工具はもとより、現地は震災発生から1カ月以上経過しているとはいえ、混乱が続いている。食料品や飲料水などもしっかりと準備した。

現地入りするメンバーは応急住宅チームリーダーの渡邉や施工リーダー（現場監督）の堀江亮太（工学部4年）ら11人。4月28日に大船渡へと出発した。

一方で同じ28日には、ウッドブロックに加工された木材が岐阜を出発。プロジェクトリーダーの下田をはじめとしたメンバーや揖斐川町の宗宮孝生町長らが出席して出発式も行われた。

砂利が多い地面に苦戦
天候や体調にも泣かされ

「本当に完成できるのか不安もありました。住民の皆さんの助けがなければ、最後までやり遂げられたかわかりません」と堀江は振り返る。

学生たちはゴールデンウイーク初日の28日に現地に入った。湘南校舎体育会自動車部の協力を得て、同部のトラックなどで運んだ建築資材を降ろす。また、学生たちの活動を知った東海大学同窓会岩手支部からも役員が駆けつけ、学生たちを激励。差し入れも届けられた。

29日からいよいよ建築が始まった。岐阜からの木材も無事に到着。まずは基礎工事から――。地元の建設業者の協力で、あらかじめ重

4.29

建築作業はまず基礎工事から。重機で掘り返された地面をさらに手作業で整え、土台部分の工事に取りかかる。また、岐阜県で加工したウッドブロックも無事に到着。慣れない肉体労働だが、学生たちは懸命に汗を流した

4.30

毎朝のミーティングでその日の作業内容を確認する。工事は建物の土台となる杭を地面に埋め込み、角度などを調整する段階。床が傾いてしまっては一大事。建築学科の学生たちは測量もこなす。この日までに床の枠部分が完成した

5.1

土台部分に床を取りつけていく。建物の中心となる大黒柱を建てたところで、あいにくの雨に。雨がっぱを着込んで作業を続けるも、天気には勝てず、この日の作業は中断となった

機で掘削していた場所に、建物の基礎となる杭を設置していく。余分な土は手作業でどかすが、砂利が多い地面に悪戦苦闘。序盤はたっぷりと汗を流しながらの作業が続いた。

慣れない肉体労働では、なかなか効率も上がらない。さらに、3日目の5月1日はあいにくの雨天で工事をストップせざるを得ない状況に。加えて、体調不良を訴えた2人のメンバーが、帰京することになってしまう。

「このままでは、工期内の完成は難しいのではないか……」といった不安も大きくなり、学生たちは焦りを感じ始めていた。

遠慮の壁を壊して作業がスピードアップ

作業開始から5日目、それまで土運びなどで多少の手助けをしながらも、現場の傍らで学生たちを見守ってきた泊地区の住民から「手伝おう」と申し出があった。

「最初は我々が手を出したらまずいのかなと思っていたんだ……。一生懸命働いてくれていたしね。ただ、気持ちはわかるんだけど、手際が悪いんだよ（笑）。本格的な建築作業は初めてだから仕方がないけれどな」とその一人、林明さんは豪快に笑う。

メンバーの熊﨑雄大（同）は「僕たちは被災地の支援に来ているのに、被災者の皆さんに協力をお願いしては申し訳ないと思っていたんです」と話す。

林さんをはじめ、住民の中には家屋や船、ホタテやホヤなどの養殖に使用するいかだを津波で失った人も多い。それでも手伝いを申し出てくれる気持ちが、学生たちにはうれしかった。

構造設計を担当した野村圭介（大学院総合理工学研究科「博士課程」1年）は、「作業を始めてからしばらくは自分たちだけで必死になっていたので声をかけにくかったのでは……。工程の遅れがはっきりしてきて、〝見てられない〟と思われたのでしょう。でも結果的には一緒に作業できてよかったと思います」と振り返る。

〝応急公民館を完成させたい〟学生たちと住民共通の思いが、お互いの遠慮の壁を壊し、本格的に共同作業が始まった。

元気をもらう日々
今できることを実感

そこからの作業は格段にスピードが上がっていく。それは、林さんいわく、「このあたりでは、家を建てるとなったら皆で駆けつけて手伝うんだ。大工が指示を出して、柱を削ったり、部材を運んだり。だから誰でも何かしら経験がある」からだ。

地元の大工、三浦洋一さんは学生たちにとって心強い助っ人になった。建てつけが悪く、なかなか閉まらなかったサッシも、三浦さんがほんの少し調節するだけでたちどころに動くようになる。現地で加工することになった角材も三浦さんの手にかかれば、あっという間に、きれいに真っすぐ切り出されていく。大学で建築を学んでいる学生たちだが、実際の建物を建てる経験はなかなかない。学生たちは「プロの技は衝撃的。勉強になります」と感服した表情を見せた。

「棟梁、出番ですよ！」「任せとけ！」。いつの間にか棟梁と呼ばれている林さん。「ほら腰が入ってねぇぞー」「仕事ってのはな、

5.2

前日の雨も上がり、この日は晴天。遅れを取り戻そうと懸命に作業を進める。左右と背面の壁の取りつけが始まった。設計図の上だけではわからない細かなずれも多く、微調整を繰り返しながら組み立てていく

5.3

雨天やメンバーの離脱もあり、当初の予定から遅れが見え始めてきた中、それまで作業を見守っていた住民から「手伝おう」の申し出が。ここからスピードアップし、みるみる形ができあがってきた

段取りが大切なんだぞ」……学生たちは林さんたちにけしかけられながらも楽しそうだ。

「このブロックは何に使うんだ?」の問いに堀江は設計図を見ながら、「これとこれを組み合わせて、壁の上側になります。この後運びましょう」といった具合に指示を出していく。住民らと気軽に声をかけ合うようになっていった学生たち。

「ほら、ぼさっとするなー。早く運んじまおう。何人かこっち来てくれよ」。林さんが呼ぶと学生たちもすぐに駆けつける。作業に集中すると、この場所が被災地であるということを忘れてしまうほどだ。「圧倒されるくらい元気。でも、現地の人たちと助け合って作業できてうれしいし、僕たちも元気をもらえる」と施工担当の田中祐也(工学部4年)は笑顔を見せた。

土台の上に床を作り、左右、前後の壁を建てていく。中心部に柱を立てつつ、ロフト部分も作る。ブロックとブロックに刻まれた溝をつなぎ合わせ、ビスで留める、電動ドライバーの音が鳴り続けた。切り出した部分の少しのずれで、はまりにくくなっていた部材も、学生はもちろん、林さんらも木槌を手に豪快にはめ込む。

「そっち押さえて。いくぞー」「強すぎですよ(笑)。角材が壊れそう」……学生たちと住民が力を合わせることで、みるみる建物の形ができあがっていった。

一緒に汗を流す ふれあいから生まれる絆

「どんなに慌てていても、作業の時間はしっかりと決めています。休憩もきちんととらないと、かえ

5.4

前日までの作業でロフト部分まで組み上がった。この日は屋根の取りつけがメイン。重機は使えないため、学生と住民が力を合わせて手作業で屋根の部材を上へと持ち上げる。一つひとつのブロックは“大人の男2人で持ち上がるくらいの大きさ”に設計されているが、安全面も考えて数人で作業にあたる

5.5

屋根も徐々に完成していき、窓の取りつけも始めるが、なかなかうまくははまらない。枠を削り直し、水平器を使いながら真っすぐに整えるなど何度も試行錯誤を繰り返した。屋根部分には防水シートを張りつける

って効率が悪くなる。それに、事故は絶対に起こすわけにはいきません。短時間で集中してやらないと」と現場監督の堀江。作業は朝8時から夕方5時までと決め、10時と3時には休憩時間を挟み、しっかりと体力を温存する。休憩中は缶コーヒーを手に、たき火の周りに集まり歓談した。大工の三浦さんの趣味という木工細工を見ながら、「これどうやって作るんですか?」と目を丸くする学生たちの姿もあった。

学生たちは期間中、区長の今野貴久雄さんが営む民宿「とまり荘」に宿泊。越喜来湾が目の前に広がるとまり荘は津波被害に遭い通常どおりの営業はできないものの、学生たちを快く受け入れてくれた。また、高台にあったため津波被害を免れた林さん宅では毎日、昼食として炊き出しをふるまわれるなど、現地の人たちの温かさに触れながら活動に取り組んだ。

「一緒に汗を流して、復興への一歩を踏み出してもらう。これがいいんですよ」。現地での作業を指導した杉本教授は、学生と住民たちの様子を笑顔で見つめる。

「東京から若者が何人かやって来て、よくわからないけど何かして帰った、で終わってしまっては本当の意味での復興支援にはなりません。共同作業を通じた心のふれあいが、今後の支援につながっていくことが理想です」

ライトパワープロジェクト 電気工事で活躍

外側のウッドブロックを組み終えると、窓枠やサッシの取りつけ、屋根部分の加工に移る。ソーラーパネルを載せるために木の屋根に防水シートを敷き、その上に角材

5.6

建物も大枠ができあがり、細部を詰めていく。防水シートを敷いた上に木枠を組み、波形鋼板を取りつける。このさらに上に太陽光パネルが載ることになる。木村教授と佐川さんの“ライトパワーチーム”による電気工事も開始。蓄電用のバッテリーとLED蛍光灯を設置した

5.7

工期は予定より1日遅れたが、いよいよ完成。雨どいをつけ、ブロックの隙間をコーキング剤で埋める。学生たちがデザインした「泊地区公民館」の看板も取りつけられた。そのほかにも入り口のステップや荷物置きの縁台なども手づくり。この日夕方の完成式に無事間に合った

Emergency House Team

完成したどんぐりハウス。室内もきれいに清掃し住民へと引き渡された

を格子状に組んで、波形鋼板を載せる。軒先には雨どいも取りつけた。

同時進行で、ライトパワープロジェクト・ソーラーカーチームにドライバー兼特別アドバイザーとして携わる佐川耕平さん（大学院工学研究科修了・富士重工業㈱勤務）と木村教授らが電気工事に取り組んだ。実は佐川さんこそ、大船渡にどんぐりハウスを建てるきっかけとなった卒業生。泊地区長の今野さんは義理の叔父にあたる。「父の故郷で、自分も小さなころから何度も訪れた土地。大きな被害が出た中、母校の後輩たちが復興の手助けをしてくれて本当にうれしい」と佐川さん。室内にLED蛍光灯や蓄電用のバッテリーを設置した。

屋根に載せる太陽光発電パネルは作業日程などの関係でこのときの完成には間に合わなかったが、後日、木村教授と、ライトパワーと応急住宅チームのメンバーで電気工事士の資格を持つ下田剛史（工学部3年）やサウジアラビアからの留学生であるアルマズヤッド・オスマン（政治経済学部3年）らが作業にあたり、無事に取りつけられた。

建設作業の最後は全員で床を拭き上げる。予定の工期より1日遅れてしまったが、それでもどんぐりハウスは堂々と完成した。

竣工を祝して開いた完成式には、区長の今野さんや公民館の村上祐典館長、地区の住民が多数駆けつけた。林さん一家手づくりのお餅を屋根の上からまく。地区の子どもたちは懸命にお餅を受け取りながらも、「大学生のお兄さんたちが、一生懸命建ててくれてうれしい」と笑った。「初めて図面を見たときには、こんなに立派な建物になるとは思わなかったよ」と三浦さん。

学生たちから建物の鍵を受け取った今野さんは、「ヒノキの香りがなんとも言えないくらい素晴らしい。温かみのある建物を作っていただけた。感謝の気持ちでいっぱい。地区再生の第一歩としてだけでなく、ほかの地域へのモデルケースとなるよう活用していきたい」と話した。誰しもが充実した笑顔で完成を祝った。

太陽光発電パネルは日程の関係上、5月7日までの工期には間に合わず、14日に取りつけられた

完成式で記念写真。住民と学生たちの笑顔があふれた

三陸町を忘れない
ここからがスタート

「そりゃあ、寂しいよ」

完成式を終えた応急公民館を背に、作業中は学生たちを叱咤激励していた林さんがつぶやいた。ゴールデンウイークも終わり、週が明ければ授業が始まるため、学生たちはその日のうちに湘南校舎への帰路につかなくてはならない。

「またいつでも来い。三陸を忘れないでくれよ」

「ここに来るまでは、自分たちに何ができるのか自問自答の繰り返しだった」。学生たちが一様に抱いていた思いだ。被災地に応急住宅を建てる、そこを拠点に支援の企画を考え、実行する――千年に一度といわれる大災害に直面した人たちが本当に望んでいることなのだろうか？　その葛藤は準備をしている間から、誰もが持ち続けていたことだった。学生たちは一様に、「被災者の方たちとふれあう中で、元の生活を取り戻してほしい、その手伝いをしたい、と心から思った」と言う。

この後、プロジェクトの学生たちはこの応急公民館を軸に、多様な復興支援活動に取り組んでいくことになる。大船渡には入らず、2棟目以降の建設準備にあたっていたプロジェクトリーダーの下田はどんぐりハウス完成の知らせを聞き、「私たちの活動は建物を建てて終わりではない。今後も現地での復興イベント開催など、多彩な活動を展開していこう」と決意を新たにしていた。応急公民館の完成は、プロジェクトの本当の意味でのスタートとなった。

左から三浦市議、チームの代表として大学院生の野村、今野区長によるテープカット

ロフトへと続くはしごも学生たちの手づくり

どんぐりハウスの室内。テーブルやイスは学生たちが考案した段ボール製のもの

学生たちから住民たちへのメッセージを書いた色紙を手渡す

泊地区応急公民館のその後

学生たちと住民が建てた応急公民館はその後、復興に向けた地域の集会はもとより、ボランティアによるマッサージの会場や全国から届けられる支援物資の備蓄庫として活用されるなど、地域復興に欠かせない存在となっている。

「ヒノキの香りに癒やされる」と住民たち

石巻に2棟目建設 ノウハウを生かし多様な活動

2棟目の準備開始 再び岐阜へ

大船渡市での建設に11人の学生が向かった前日の4月27日、ほかの学生たちの一部は、再び岐阜へと向かっていた。「どんぐりハウス」の2棟目に使うウッドブロックを製作するためだ。

再び岐阜県揖斐川町に入ったメンバーたち。女子学生も加わり2棟目に使用する木材の加工を進める

この時点ではまだ、2棟目はどこに建てられるのかは決まっていなかったが、5月20日から新宿御苑（東京都新宿区）で開催される「第6回ロハスデザイン大賞」への出展が決まっていた。

ロハスデザイン大賞は、持続可能な社会の実現に向けた取り組みを行っているヒト・モノ・コトの3部門を表彰するもので、新宿御苑展はその最終エントリー作品を展示し、それぞれの部門の大賞を決定する催し。今回は「エコネイティブなライフスタイルへ」をテーマに、東日本大震災からの復興がより良い社会へとつながるように願いを込めて開催された。

「加工作業中にも大船渡のメンバーと連絡をとり合い、実際の工事で起きた不具合や課題を共有しながら改善していきました」と岐阜での作業にあたったプロジェクトリーダーの下田は語る。リーダーという立場で全体の調整にあたっていたこともあり、大船渡には行きたくても行けなかった。「ただ、現地での作業だけが支援ではないので、自分の役割をしっかりと果たしたいと思っていました」と振り返る。2度目ということもあり、作業は順調に進み、大船渡での建設が終わった5月7日に、こちらも無事に作業を終えた。

新宿御苑での建設は5月16日から19日まで。重機が使えること、大船渡での経験もあったことなどもあり、4日間での建設が可能に

「ロハスデザイン大賞2011新宿御苑展」の会場に2棟目を建てる

Column

環境イベントやデザイン展で高い評価を受ける

168点のエントリーがあったロハスデザイン大賞「コト部門」で大賞を受賞した

「3・11生活復興支援プロジェクト」の応急住宅チームが開発した「どんぐりハウス」と建物を拠点にした活動は、その内容や支援の普及、促進活性化を目指し、各種イベントや展示会にも出展。その一環として5月20日から新宿御苑で開かれた「第6回ロハスデザイン大賞」（主催＝一般社団法人ロハスクラブ）に出展し、168点のエントリーの中から「コト部門」で大賞を受賞した。

9月には、東京で開催された世界中の建築家や研究者、学生など約1万人が集まるUIA大会（世界建築会議）にも参加し、「世界の家・街並み展」応急仮設住宅展示コーナーでどんぐりハウスを紹介した。

11月には、「2011年アメリカ建築家協会（AIA）デザイン大賞特別賞（Special Aspirational Award for Community Building）」（主催＝AIA日本支部）も受賞。日本各地の大学から38作品の応募が寄せられた中から、「どんぐりハウス」を中心とした活動が評価されたものだ。審査員からは、学生が被災した地域の住民と一体となって建設し、地域の絆をより深めることを可能とする公共建築であることに対して高い評価が寄せらた。

また、12月に開かれた日本最大級の環境展示会「エコプロダクツ2011」にもどんぐりハウスの模型を展示。どんぐりハウスを拠点に展開した支援活動などを紹介した。説明を担当した堀江亮太（工学部4年）は、「一般の来場者から直接、参考になる意見を聞くことができただけでなく、多くの方に私たちの活動を知っていただく貴重な機会となりました」と話した。

こうした一連の評価に応急住宅チームリーダーの渡邉光太郎は、「建築物を建てることの難しさや、建設を通じた地域住民の皆さんとの交流などから多くのことを学ぶことができた。地域と深いかかわりを持った活動を評価していただき、本当にうれしく思っています。協力してくださった企業の方々、地域住民の皆さんに深く感謝しています」と話した。

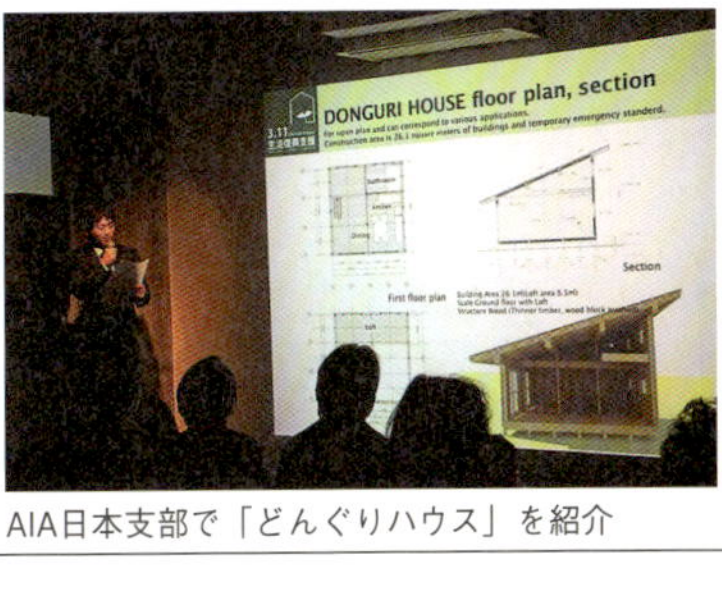

AIA日本支部で「どんぐりハウス」を紹介

石巻でもまずは基礎工事。建設地の土を手作業で掘り返す

なっていた。さらに屋根のパーツなどは重機を使い、すでに組んだ状態で上げることができたため、作業はスムーズに進んでいった。

20日から22日までの会期中には約1800人の来場者がどんぐりハウスを訪れ、プロジェクトの学生メンバーが対応。使用している木材の種類や建設方法、建設期間などについての質問が多く寄せられたほか、「このように立派な応急仮設住宅を、学生が中心になって建てたと聞いて驚いた。素晴らしい取り組みだと思う」といった声も聞かれた。

2棟目の建設地が決まる 仮設住宅の応急集会所に

岐阜での再作業の間にも2棟目の建設地探しは続いていた。そんな折、ロハスデザイン大賞に向けた準備をしていたメンバーに知らせが届いた。

5月22日、杉本教授は自らが設計した住宅「流星庵」と2009年度のビーチハウスプロジェクト＝9ページ参照＝が「木の建築賞」（主催＝NPO木の建築フォラム）をダブル受賞したため、その授賞式に出席していた。

その席上、宮城県石巻市北上町十三浜小指に本社のある㈲ササキ設計代表取締役の佐々木文彦さんから、仮設住宅地に集会所が不足しているという情報を聞き、3・11生活復興支援プロジェクトとしてどんぐりハウスの建設を提案することになったのだ。

石巻市北上町十三浜相川・小指地区では111世帯中75世帯が被災したため、高台にある相川運動公園内に仮設住宅41戸が建設されることが決まっていた。しかし、同敷地内には集会所などのコミュニティスペースが不足しており、地域住民の情報提供や各種協議などに支障をきたすおそれがあった。

こうした状況を受け、相川運動公園横にある旧相川診療所医師住宅内に、どんぐりハウスを「応急集会所」として使用してもらおうと建設を提案。石巻市など行政の許可を経て、建設地が決まった。

悪条件も住民らと連携し 予定どおりの工期で完成

石巻市での建設に参加したメンバーはプロジェクトリーダーの下田をはじめ、工学部建築学科と電気電子工学科の学生8人。6月17日から現地に入った。

ただ、建設地は崖の上にあり、頭上には電線が通っていたため、建設にクレーンなどの重機は使えない。事前の下見ができなかったこともあったが、予想外の悪条件。

1棟目の経験と地元の大工さんたちの協力、天気に恵まれたこともあり順調に作業が進む

固い地盤に悪戦苦闘。手にまめをつくり大汗を流しながら杭を打ち込んだ

「この場所での建設は不可能では……」とメンバーの間に一瞬不安がよぎった。

しかし、今回の建設には前述のロハスデザイン大賞で知り合い学生たちの活動に賛同した企業から、大工の派遣を受けるといった協力があった。何もできないどころか、当初の予想よりも早く作業が進んでいく。

下田は、「当然ですが、プロの大工さんたちは僕たちとは手際が違う。こちらが何か言う前にもう組み上がっている、というような調子でした（笑）」と話す。

連日の作業には大船渡市と同様に地元住民も多数加わり、当初の心配をよそに、予定どおりに完成へと至った。

また建設期間中には、被災地へマンガや絵本を贈っている㈱サムライファクトリーから本の寄贈があり、集会所内に約1000冊を設置。登米町森林組合からは木製キットの寄贈を受け、本棚として学生たちが組み立てた。

初めて被災地での活動に参加したメンバーも、「テレビや写真などではわからない現状を見ることで、〝なんとかしなくては〟と決

窓枠の取りつけや木材の切り出しなども手慣れてきた

マンガや絵本など約1000冊が寄贈され、室内にセットされた

意を新たにした」と話す。「力仕事も多く大変なこともありましたが、現地の皆さんがとても明るく接してくれた」と充実した表情を見せていた。

石巻に完成したどんぐりハウス2棟目。入り口への斜面には後日、住民たちの手で階段が設置された

設計図を公開 ノウハウを活用してほしい

応急住宅チームでは、どんぐりハウスの設計図をプロジェクトのホームページ上に無償で公開している（http://dekachalle.u-tokai.ac.jp/311cp/_src/sc1013/zumen.pdf）。これらのノウハウを被災地支援に活用してもらい、どんぐりハウスを社会的に広めていこうという狙いだ。

7月には岩手県盛岡市で開催された東日本大震災復興イベント「もりおかエコライフ2011」でどんぐりハウス建設についての活動を発表してほしいとの依頼があった。その縁もあり、同市の支援策の一環で、岩手県大槌町と山田町への建設が決定。応急住宅チームは設計図の提供、技術指導という立場で協力した。

プロジェクトリーダーの下田は「普及版どんぐりハウスの開発についても進めていきます。長い目で取り組んでいきたい」と話す。建築の技術とノウハウを活用する活動は多様なかたちで今も続き、これからもさらに広がっていこうとしている。

どんぐりハウス建設予算について

「3・11生活復興支援プロジェクト」による「どんぐりハウス」の建設資金は、東海大学チャレンジセンターによるプロジェクト支援金に加え、学校法人東海大学松前重義記念基金の助成を受けた。さらに、日本財団ROADプロジェクト「東北地方太平洋沖地震　災害にかかる支援活動助成」と三菱商事「東日本大震災復興支援基金」の復興支援助成金の採択を受けたほか、活動の趣旨に賛同した企業、団体、個人からの寄付金、コミュニティケアチームによる「どんぐり募金」（詳細は48ページ参照）へも多数の浄財が寄せられた。

また、復興を支援する寄付金として、タイ王国のサイアム大学から東海大学に寄せられた5万バーツ（約13万円）が、3・11生活復興支援プロジェクトの活動に役立てられた。サイアム大学は2010年8月に東海大学と学術交流に関する覚書を交わしている。

Interview 1

復興のためのまちづくりへと続く活動を

応急住宅チーム リーダー
渡邉光太郎（工学部建築学科4年）

応急住宅チームのリーダーということですが、仕事としては主に「どんぐりハウス」の設計を担当しました。メンバーから出たアイデアを杉本洋文教授らと議論しながら、設計図に落とし込む役割です。

ただ、準備を始めた当初は大枠となる平面図・立面図・断面図の図面しかありませんでした。4月に岐阜県で行った木材加工の最中にも、ほかのメンバーが木を切っている横で各部分の詳細な設計図を引いていたほどです。ここまで図面を引けば一段落という終わりは見えていましたが、経験も少なく、とても時間がかかってしまいました。部品一つひとつの形を想像しながら作っていったのですが、実際に大船渡に持って行って組み立ててみると微妙に違っていて、部材がくっつかない個所も出てくる……、一度組み立てたものからビスを抜いて、再度組み直してもらうこともありました。

大船渡での経験もあり、石巻では比較的スムーズに2棟目を建設できたと思います。ただその時点で、応急建築のニーズは一段落しつつあると感じていました。応急住宅チームは、復興のためのまちづくりプランに活動の軸をシフトしていく必要があるのではないか、と。持続可能な復興支援を考えれば、建物を作っただけで終わることはできません。来年度の応急住宅チームはコミュニティケアチームと連動して、新たなかたちで活動することになるのではないでしょうか。

この1年、自分たちの手でどんぐりハウスを建ててきたわけですが、一つの建物を作るのには、何十人、何百人もの人との協力関係が必要だということが肌でわかりました。僕が何か言うと、たくさんの人がそれに応えようとしてくれる。自分の発言に責任を感じるようにもなりましたね。また、ライフメディアとコミュニティケア両チームのメンバーから現地でどんぐりハウスが活用されている様子を聞いたときは、建築の真の価値を知った気がしました。今までの大学生活で建築を学んできて、いつの間にかこうした結果を残せる力がついていたんだなと実感しています。

Life Media Team

ライフメディアチーム

子どもたちの〝今〟を伝える

「被災地の声」を発信する場をつくることを目的に、文学部広報メディア学科の学生が中心となって活動している「ライフメディアチーム」。8月5日から10日には活動第1弾として、岩手県大船渡市で「夏休みこどもテレビ局プロジェクト」を実施。同学科の8人の学生が現地の小中学生10人とテレビ番組制作に取り組んだ。

「普段の学びを生かしたい」準備を重ねて現地へ

ライフメディアチーム最初の活動となった「夏休みこどもテレビ局プロジェクト」は、文学部広報メディア学科の学生有志が、5月に大船渡市へ中古文房具を届けたことから始まった。

「あの大震災を目の当たりにして、自分たちにできることは何かとずっと考えていました。被災地に文房具を届けに行ったときに、ものを届けるだけではなく、もっと自分たちにできることを継続していかなければいけないと思った」とリーダーの柏原有輝（文学部3年）は振り返る。

現地で出会った大船渡市教育委員会の関係者から聞いた「子どもの目線で被災地を記録できないか」という話をヒントに、「大学で学んでいるテレビやラジオの番組制作などの知識を生かしたい」と発案。「子どもたちと一緒に番組を作って、楽しんでもらう。番組を見た人も笑顔になれれば、それも一つの支援になるのではないかと思った」（柏原）。

「子どもたちに楽しんでもらうこと」をテーマの中心に掲げ、地域の人々の協力を得て動き出した。

「これまで授業や課外活動でテレビ番組制作をしてきたメンバーなので、技術面での心配はあまりありませんでしたが、被災地での、それも子どもたちとともに活動することへの不安はありました。がっかりさせるようなことだけはしたくなかったので、できる限りの準備はしたかった」と学生たち。

現地入り前の7月25日には、文学部心理・社会学科の宮森孝史教授にお願いして「被災した子どもとの接し方」の講義を受けた。「宮森先生から『自然体で接することがいちばん』と言われて、少し気持ちが楽になった」と口をそろえた学生たちはその後、学生役と子ども役に分かれて番組企画会議のシミュレーションを繰り返すなど、現地での活動がスムーズにいくよう準備を重ねた。

そして8月4日、10台のカメラにパソコン6台、プロジェクターやスクリーンなど、普段の実習で使っている機材のほか、寝袋や飲料水などを積んだワゴン車に学生とプロジェクトアドバイザーの五嶋正治准教授（文学部広報メディ

「ぶれないように」と慎重に両手でカメラを持って撮影する

ア学科）らが乗り込む。「自分が足を引っ張らないかな」「子どもたちと仲よくできるかな……」。それぞれの思いを抱えながら神奈川県平塚市の湘南校舎を出発。丸1日かけて大船渡市に入った。

お互いを撮り合い、ぎこちない返答に思わず笑みがこぼれる

サポート役に徹し 子どもたちの声を生かす

そして迎えた翌日の顔合わせ。呼びかけに応じた大船渡市三陸町や猪川町の小学3年生から中学2年生までの10人が、活動の拠点となる応急公民館「どんぐりハウス」に続々と集まってきた。

自己紹介をした後にカメラの使い方を説明し、学生のサポートのもと、子どもたちが2人一組で撮影し合うワークショップに挑戦した。「右手でカメラを持って、左手で腕を支える。ウルトラマンのポーズみたいにすると安定するでしょう？」と、少しでもわかりやすく楽しみながら覚えてもらおうと説明にも工夫を凝らす。

「カメラを向けるとカッコつけたことを言おうとしていて、まだ心を開いてくれていないんだなと感じた」と話す山崎洸太（文学部4年）は、「子どもたちに元気になってほしくて参加したので、無理やり何かをさせるのはいやでした。好きなように撮っていいよと言って、行き詰まりそうになったらアドバイスを送る。そのうち『こうするにはどうしたらいい？』と聞いてくれるようになって、だんだんと打ち解けてくれるのがわかった」。

ワークショップの後は3班に分

「3.11生活復興支援プロジェクト」と連携

小学校に文房具を届ける

東日本大震災発生以降、文学部広報メディア学科の五嶋正治准教授の研究室には、同学科の学生たちが毎日のように集まっていた。「3月11日は何してた？　研究室もけっこう揺れたんだよ」「俺は山形県にいて2日間も帰れなくなってさ……」「自分たちにできることって何があるのかな」——。そんな会話をしていたとき、ふと中島聖斗（文学部2年）が言った。「アジアに届けようとしていた中古文房具を使えないかな？」

学生たちは2010年の建学祭で、中古文房具を集めて東南アジアの子どもたちに寄付する活動を行っていた。「平塚市の商店街や学生など、多くの人から寄せられた文房具がまだ手元に残っていました。これを被災地の子どもたちに贈れないかと思った」（中島）。

協力してくれた商店街などに相談に行くと、「ぜひお願いしたい」と背中を押してくれた。しかし、「本当に今、文房具が必要か」「水や食料が先では？」。学生同士で意見を交わす中でさまざまな声が上がる。「本当に求められているものでなければ意味がない」と何度も話し合った。

インターネットなどで調べるうちに文房具の需要があることはわかったが、支援物資を集約している団体に問い合わせても、“中古品” を受け入れてくれる先は見つからない。そんな折、岩手県大船渡市に「どんぐりハウス」の建設に向かう応急住宅チームが、資材を積むトラックで文房具を運搬してくれることになった。そこで、以前から五嶋准教授と親交のあった公益財団法人日本ユニセフ協会の協力のもと、同市の教育委員会を通じて各小学校へと呼びかけた。

5月1日から3日まで、学生5人と五嶋准教授らが現地入り。津波の被害を受けて合同授業を行っている市立蛸ノ浦小学校と甫嶺小学校を訪れ、合計6つの小学校に鉛筆や消しゴムなど610セットを届けた。

「現地に行って被害の状況を見て、被災された方々の話を聞いて、自分たちにできることを継続していきたいと強く思った」と学生たち。「3.11生活復興支援プロジェクト」と連携したこの活動が、「夏休みこどもテレビ局プロジェクト」へとつながっていった。

なお、文房具を届けに行った学生たちが撮影してきた映像は「東海大ミネスタウェーブ7月号『伝えていくということ～僕たちが見た3.11』」として全国14局のCATVで放送された。

かれて企画会議。「何か撮りたいものある?」「行ってみたい場所は?」。学生の問いかけに、「震災前によく遊んだ場所に行きたい」「お母さんに聞いてみたいことがある」と少しずつ言葉を返す子どもたち。一つひとつの言葉に耳を傾けながら取材内容を話し合い、「大船渡のいいとこ巡り」「お父さんとお母さんにインタビューしました」「記憶〜未来へ〜」と、班ごとの撮影テーマを決めた。

カメラを持って出発！ 両親や思い出の地を取材

8月6日から2日間はカメラを持って取材へ。「大船渡のいいとこ巡り」と題した小学生班は、遠足などで訪れた大船渡市三陸町の夏虫山にある鹿牧場で鹿に触れ、隣にある大窪山森林公園では角材に丸棒を投げて倒し合うクップと呼ばれるスウェーデンの遊びを体験。もう一つの小学生班は「お父さんとお母さんにインタビューしました」と題し、自分や兄弟の名前の由来など、「前から聞きたかった」という質問を両親にぶつけた。

中学生班は「記憶〜未来へ〜」をテーマに、津波の被害を受けた思い出の地を散策。家族でよく訪れたデパート、小さいころに遊んだ公園、小学校の卒業謝恩会で使ったホテル……。高橋瀬菜さん（中学2年）は、「大船渡は復興どころか復旧すらしていないところがたくさんあるのに、ほとんど報道されていない。伝えたいことがたくさんあった。大学生が私たちの話を真剣に聞いて、一緒に取材に行ってくれて、本当にうれしかった」と喜んだ。

現地では、どんぐりハウスから車で20分ほどにある古民家を借りて合宿生活を行っていた学生たち。子どもたちとの活動は午前10時から暗くなる前の午後4時までだが、宿に帰ってからもやることは山ほどある。夕飯を済ますとすぐに各班の進捗状況を報告し合い、翌日の内容を確認する。

「最初のうちは子どもたちがあまり話してくれず、空気が重くて

川畑朱音さんと高橋瀬菜さんの中学２年生２人は思い出の地を散策。川畑さんは「町並みは変わってしまったけれど、ふるさとであることに変わりはない。この風景を忘れずに未来に伝えていきたい」と語った

撮ってきた映像をスクリーンに映し出して確認する。「ぶれてるよ！」「もうちょっと引かないと」など意見を出し合い、再び取材に出かけた

毎朝、作業を始める前に、リーダーの柏原を中心に学生と五嶋准教授も交えて一日の流れを確認する。子どもたちの昼食中などにも合間をぬって、情報共有のための打ち合わせを重ねた

学生の指導のもと、班ごとに撮影してきた映像をパソコンで編集する。1秒単位の細かい作業が続いた

「撮ってきた映像がつながらない！」と急きょ固定カメラで映像を撮影し、つなぎの映像を作る工夫も

子どもたちが帰った後、学生だけでスタジオ収録のリハーサル。外が暗くなるまで入念なチェックを繰り返した

どうしようかと思いました。自分たちで番組を作っているときは、制作中にどんなにつらくてもできあがったときに喜びを感じ、また次も頑張ろうと思える。でも子どもたちは目の前のことが楽しくないと続かない。番組としての体裁は整えつつも、子どもたちに楽しんでもらうにはどうしたらいいか。大きな課題でした」（柏原）

話し合いは毎晩深夜まで続いたが、寝不足でも子どもたちの前では決して笑顔を絶やさず、丁寧な言葉で優しく語りかけ、休憩時間には一緒になって遊ぶ。そんな学生の思いに、子どもたちは「最初は大学生って怖いのかなと思っていたけれど、優しく教えてくれて不安はなくなった。番組作りも楽しい」と声をそろえる。

日を重ねるごとに学生と子どもたちとの距離は縮まっていった。

本格的な機材に興味津々 ヤマ場のスタジオ収録

活動も中盤に差しかかった8月8日。前日に撮影した映像に音声が入っていない、というアクシデントに見舞われた中学生班は再び取材へ。小学生2班は、2日間かけて撮影してきた映像から番組で使う部分を切り取ってつなげる編集作業に取りかかった。

笑い声と一緒に、「ここはいらない」「これはダメ！」という子どもたちの声がどんぐりハウスに響く。学生がよかれと思って手を加えると、「こっちのほうがいい」と自分たちで編集した映像を選ぶ場面も。最初のうちこそ緊張感が漂い大学生が主導していた活動も、

話し合いの末、タイトルは「大船渡こどもテレビ局〜私たちの夏休み〜」に決定！

このころにはすっかり打ち解けて子どもたち主体で進んでいた。

班ごとに制作した数分の映像を持ち寄り、8月9日にはどんぐりハウス内に設置した仮設スタジオでの収録に臨んだ。古水丈也君（小学6年）と川畑朱音さん（中学2年）が司会を務め、各班の映像を流した後に、制作を担当した子どもたちがゲストとして登場。取材のこぼれ話を紹介する構成だ。

初めて見る本格的なカメラや音響装置に、子どもたちは興味津々。学生の指導を受けながらファインダーをのぞき込むと、自然と笑みがこぼれる。撮影が始まると今度は〝撮られる側〟に立ち、「緊張しなかった！」「楽しかった」とますます笑顔を見せていた。

だが、子どもたちの集中力はそう長くは続かない。途中で眠そうな顔をする子もいれば、黙り込んでしまう子もいる。「カット！」の声で撮影を止めるたびに学生が駆け寄り、「言いたいこと言えた？」「飲み物いる？」「あとちょっと頑張ろう！」と声をかける。

子どもたちの前では立派に〝指導役〟を務める学生たちだったが、一歩離れると、「私のほうが緊張してきた。おなか痛い……」と顔をしかめる。体調不良で離脱してしまった斉藤野乃果ちゃん（小学3年）の話題をスタジオトークに盛り込む子どもたちの配慮に、「あんなにしっかりしゃべってくれるなんて」と学生が涙を見せる場面も。リハーサル、本番と丸1日かけて、すべてのシーンを撮り終えた。

大学生の〝腕の見せどころ〟「皆に喜んでもらうために」

どんぐりハウスでの収録を終えて宿に戻ると、ここからが学生の

「小学校でパソコンクラブに入っているので、パソコンを使って映像を切り取ってつなぐ作業がいちばん楽しかった」と大津希梨ちゃん（小学5年＝右から2人目）。真剣な表情で画面を見つめる

スタジオ収録に先駆けて機材の担当を振り分ける。子どもたちからは「音響やってみたかったの！」「カメラを触るの楽しみ」と喜びの声が上がった

Life Media Team

どんぐりハウスの中には３台のカメラや音響装置のほか、映像を確認するモニターなども設置。本格的な“撮影スタジオ”を使って８月９日に収録を行った。子どもたちは初めて見る機材に興味津々。目を輝かせながら手を触れていた

スタジオ収録では、学生が子どもたちの後ろについて指導にあたった

〝腕の見せどころ〟だ。スタジオで3台のカメラを使って収録した映像と、各班が撮影してきた映像を、1本の番組に編集する作業に取りかかった。さらに子どもたちには内緒で、活動中の写真や映像を使ってオープニングとエンディングも制作した。

中学生班をサポートしていた学生2人は、終わっていなかった映像の編集を子どもたちから引き継ぎ、翌10日の朝まで夜を徹して作業にあたった。朝食の席に現れたときには「10分しか寝てません……」と、ぐったり。それでも、「子どもたちはもちろん、上映会に来てくれた人にも喜んでほしい」という思いを込めて、午後4時の上映会ギリギリまで作業を続けていた。

一方、先に手の空いた学生は、子どもたちよりひと足早くどんぐりハウスへ。大きなスクリーンを設置し、会場を飾りつける。入り口には「本日上映会やります！」と書いた看板を設置した。

「こんにちはー！」と元気な声とともに、子どもたちが一人、また一人と集まってくる。会場には保護者や地域の人々のほか、海外から来ていたボランティアなど、関係者を含む約60人が詰めかけた。

笑顔と涙の上映会
子どもの〝伝えたい〟を形に

「大船渡こどもテレビ局　私たちの夏休み！」

子どもたち全員によるタイトルコールが映し出された後、学生が作ったオープニング映像が流れる。子どもたちは終始笑みを浮かべながら、自分たちの作った番組をうれしそうに見入っている。

「お父さんとお母さんにインタビューしました」のコーナーを担当した大津暖《はる》ちゃん（小学3年）の父・泉さんは、「思った以上に完成度が高くてびっくりしました。インタビューする側もされる側も笑顔になれるVTRはなかなかない。『お父さんとお母さん、どっちが先に好きって言ったの？』など意表を突いた質問には驚かされたけれど、子どもらしい発想でとても面白かった」と話す。

上映会を見に来た海外からのボランティアに英語で話しかける姿も

午後4時と6時、2度の上映会では、ときおり、涙を浮かべながら食い入るように画面を見つめる地元住民の姿も。「気持ちのこもったメッセージには特別な手法や技術は関係ない。作り手がいかに考え、〝伝えたい〟という気持ちを表すことが大切なのだと感じた」と学生たちは口をそろえる。

「最初は僕らが教えることができるのか、子どもたちが楽しんで

多くの来場者を迎えた上映会。会場の飾りつけは学生たちが担当した

くれるのかと心配ばかりでした。津波の被害を目の前に、中学生や現地の人の声を聞いて気持ちが折れそうになったこともあった。でも今は一年中夏休みならいいのにと思うほど、もっと皆と一緒にいたい」と田中俊行（文学部3年）。

またいつか、一緒に番組を作ろう――。涙ながらに別れを告げ、学生たちは帰路についた。

VTR 大船渡こどもテレビ局 ～私たちの夏休み～

―オープニング

―VTR❶「大船渡のいいとこ巡り」

遠足などで訪れた思い出の夏虫山へ。隣の大窪山森林公園ではクップと呼ばれる遊びを体験するなど、大好きな場所を巡る。

―スタジオトーク

―VTR❷「お父さんとお母さんにインタビューしました」

「(私の名前は) なんで○○ってつけたの?」「お父さんとお母さんはどっちが好きって言ったの?」。次々投げかけられる素朴な質問に、両親は思わず苦笑い。

―スタジオトーク

―VTR❸「記憶～未来へ～」

中学生２人が被災地を歩きながら思い出を振り返る。「一歩ずつ前へ　崎浜!」と書かれた看板の前で、川畑さんはこう語る。「この風景を忘れずに、未来に伝えていきたい」

―エンディング

子どもたち一人ひとりに手づくりの寄せ書きをプレゼント

最後はみんなで記念撮影。「また会おう」と口々に声をかけ合った

Interview 2

番組制作で笑顔を届ける
心にためていた声を形に

ライフメディアチーム　リーダー
柏原有輝（文学部広報メディア学科3年）

地震発生直後からニュースでは絶え間なく被害の様子が伝えられ、岩手県陸前高田市出身の母は「家族と連絡がつかない」と不安そうにしていました。私にとっても何度も訪れた大好きな場所でしたし、親戚の安否ももちろん心配でしたが、テレビを消して外に出ればいつもと変わらない日常があった。テレビの中の出来事を、現実として受け止められていない自分がいました。

5月に広報メディア学科の学生有志で岩手県に文房具を届けたとき、何もなくなってしまった陸前高田市を見て初めて現実なんだと実感しました。言葉を失い、どうしていいのかわからなかった。文房具を届けたことも、悪く言えばあっさり終わってしまって、こんなことしかできないのかと無力さばかりが募りました。

「もっと自分たちにできることを継続していきたい」

皆が同じ気持ちだったからこそ、「夏休みこどもテレビ局プロジェクト」につながったのだと思います。総合プロデューサーを任された私の役割は、各班の進捗状況を把握し、先生や現地の方の声も聞きながら、円滑に進められるように目を配ること。これまでにも一緒に番組制作をしてきたメンバーなので意思疎通は図りやすかったですし、うまく役割分担できていたと思いますが、普段なら1カ月以上かけて作る番組を、子どもたちに教えながら6日間で形にしなくてはいけないというプレッシャーは大きかった。失敗はできないと思っていたので、不安と緊張で、明日が怖いと感じたことも何度もありました。

映像制作を教えるだけだったら、神奈川県でもできます。今回の目的はあくまで「自分たちが学んできた映像制作を通して、子どもたちに楽しんでもらうこと」。現地で行った上映会の後、保護者や地域の方から「楽しそうでよかった」「子どもたちはこういうことを考えていたんだ」という言葉を多くいただき、本当にうれしかったです。

心にためていたことを映像として形にすることも、一つの支援の方法なのかなと感じました。

研究室を改造して学生と教職員が手づくりした「東海大学キャンパススタジオ」

大学での実践経験をもとに 一人ひとりが持ち味を発揮

「文学部では過去5、6年にわたってメディアの実践活動に力を入れてきました。今回の活動は、これまで継続してきた教育の現場があってこそ実現できた」と五嶋准教授は振り返る。メンバーの多くは、文学部が実施している「東海大学文学部メディアプロジェクト」に所属し、テレビ班やラジオ班、広報班などに分かれて日々、実践経験を積んでいる。

湘南校舎3号館2階の研究室を改造して学生と教職員が手づくりした「東海大学キャンパススタジオ」を拠点に、テレビ班は文学部の教員をゲストに迎えるインタビュー番組「知のコスモス」や、ドキュメンタリー番組「東海大ミネスタウェーブ」を15分ずつ隔月で制作。湘南ケーブルネットワーク(SCN)など全国のケーブルテレビ局に配信している。2006年から5年間は、毎年11月の建学祭でSCNでの生放送も行ってきた。

ラジオ班はFM湘南ナパサで毎週火曜日に「こちらラジオ番組制作部」と題した生放送を実施。「スタジオ通信」と題したニュースリリースなどを制作するのは広報班の仕事だ。

「今回の活動では子どもたちに教えるだけではなくて、機材の準備や全体のプロデュース、広報、生活や食事に目を配るなど、やるべきことはたくさんあった。それぞれの経験や持ち味を生かして力を発揮する、いいチームワークだったと思います」と五嶋准教授。

今回の活動では、広報班で活動している鈴木千遥(文学部3年)が、子どもの保護者に向けた〝お便り〟や、地域の人々への上映会のお知らせを制作するなど、こどもテレビ局の広報活動を一手に引き受けた。「大学生とテレビ番組を作るといっても、どんな人たちと何をしているのか、ご両親が心配するのは当然。少しでも様子を伝えられればと思った」と語る。

取材やスタジオでの収録中はもちろん、昼食や休憩中に遊んでいる様子など、あらゆる姿を写真に収め、その日一日どんなことをしたのかを写真と文章で伝えた。

菊池健太君(小学3年)ら3姉弟の両親は、「家で話すことといえば、今日は何のお弁当を食べたとかばかり(笑)。最初のころは〝行きたくない〟と言ったこともあったので心配はしていました。でも、持ち帰ってくるお便りには笑顔で活動している写真が載っていて、楽しくやっている様子が伝わってきました」と語る。

また、インタビュー番組「知のコスモス」の司会を務める須澤友貴(文学部3年)は、古水君と川畑さんの指導役と司会台本を担当。「一人ひとりの特徴を引き出せるような番組にできればと思っていたので、各班を担当している学生に子どもたちの特徴を聞いたりし

保護者向けのお便りには、子どもたちが満遍なく載るように気を配った

司会の２人を指導する須澤（左）。「教えることで自分に足りない部分もわかった。明るく前向きな２人に何度も助けられました」

ながら台本を作りました」。自身の経験談を話しながらアドバイスを送り、川畑さんにはヘアメイクも施した。

また、こどもテレビ局の活動に賛同し、宿泊場所も提供してくれた大船渡市議の平田ミイ子さんを中心に、地域の人々が日々奮闘する学生たちの活動を全面的にサポート。大船渡市に滞在中、活動を終えて宿に帰ると、テーブルの上にはたくさんの夕食が並んでいた。平田さんの呼びかけで、学生の活動中に毎日手づくりしてくれていたのだ。子どもたちの送迎や、取材先への移動にも気軽に車を出してくれた。

平田さんは、「参加した子どもたちは、津波を目の前に逃げた子ばかり。大切なものを失って傷ついた子どもたちが、今日は何が楽しかったという話ばかりしていた。学生さんたちがいろいろ考えて、勉強して、子どもたちのよさを引き出してくれた」と喜んだ。

「今回の活動を通して出会った方々は皆、強い気持ちを持って復興へ向けて活動している。子どもたちも大震災についてたくさんのことを考えているのだと、あらためて感じました。変わりゆく被災地の現状やそこに暮らす人たちの声を少しでも多く伝えて、東北と日本全体とをつなげられるような活動を継続していきたい」と学生たち。ライフメディアチームの活動は、まだ始まったばかりだ。

学生たちの成長する姿を追う テレビ朝日が密着取材

ライフメディアチームの活動をテレビ朝日の「はい！テレビ朝日です」（※）が密着取材し、ドキュメンタリー番組を制作。「大船渡こどもテレビ局～みんなが伝えたかったこと～」と題して9月4日と18日の2回にわたって放映した。

プロジェクトアドバイザーの五嶋准教授が、以前から交流のあった同番組の担当者に取り組みを紹介したことがきっかけで実現したもの。学生が試行錯誤しながら子どもたちと番組を制作していく様子や、完成した番組の内容を交えながら、五嶋准教授と学生がスタジオで活動を振り返った。

「通常は30分1回の番組で完結させますが、学生と子どもたちが一緒に作り上げた番組を紹介するだけでなく、それができあがるまでの過程も伝えたかったので、30分ではとうてい足りなかった」と同番組の上野敦史プロデューサー。

同行取材した会田昌弘ディレクターは、「学生たちの真剣な表情や動きを見ていると、カメラを回さずにはいられなかった」と言う。2人のカメラマンで60時間ものテープを回したといい、「私たちが現地に入って被害の大きさを伝えることはできるけれど、『こどもテレビ局』は、学生が子どもたちと同じ方向を向いて作った作品。プロの技術を駆使しても作れるものではない」と語った。

番組はオンデマンドで視聴が可能。番組ホームページhttp://www.tv-asahi.co.jp/hai/からバックナンバーを参照。

番組制作に取り組む学生と子どもたちを一歩後ろから追い続けた

※テレビ朝日、第1・第3日曜日の午前4時50分～5時20分放送（関東ローカル）

Interview
3

教えることで学びを消化する
経験を糧に継続的な活動を

ライフメディアチーム　アドバイザー
五嶋正治　准教授（文学部広報メディア学科）

「ライフメディアチーム」は文学部広報メディア学科の学生を中心に活動しており、メンバーの多くは以前から大学内のスタジオでテレビやラジオの番組を制作し、公共メディアを通じて発信してきました。大船渡で実施した「夏休みこどもテレビ局プロジェクト」は、これまでの経験があったからこそできたのだと思います。

一つ心配だったのは、現地の子どもたちは約半年かけて、段階を踏んで大震災と向き合ってきたのに対し、学生は必ずしもそうではないということです。今回参加してくれた子の中には、学校の3階まで津波が押し寄せ、上履きのまま逃げた子もいる。彼らとどう接すればいいのか、学生は震災ときちんと向き合えるのか——。心理・社会学科の宮森孝史教授に事前講義を受け、何度もシミュレーションしましたが、私自身も学生たちも、不安は募るばかりでした。

しかし現地での活動初日、「どんぐりハウス」に集まってきた子どもたちを見て学生が言いました。「顔を見て安心した」と。学生たちは「楽しんでほしい、少しでも笑顔になってほしい」と目の前の子どもたちと真剣に向き合っていました。半日もしないうちに打ち解けて笑い声が聞こえてきたときには、本当によかったなと感じましたね。学生の思いが通じたのと同時に、子どもたちに助けられた部分も大きかったと思います。

今回の活動では、これまで現場のディレクターをしていた学生には全体のプロデュースを任せるなど、一人ひとりに今までの活動から一つハードルを上げた役割を与えていたので、それぞれに大変だったでしょう。大学で学んでいることを基礎にして、社会に出て経験する。人に教えることで学びを消化し、自分の目で見て新たなことを感じる。教室で学べるものとは違う大切なことを得たと思います。

「支援をしに行く」と話していた学生たちが、帰ってきてからは「支援」という言葉を使わなくなりました。たくさんのものをもらって帰ってきたからでしょうね。今回の経験をどのように〝次〟につなげるか。学生たちとともに、継続的な活動を展開していきたいと思っています。

ごとう・まさはる
テレビ番組の制作現場を経て、2007年４月より現職。「東海大学文学部メディアプロジェクト」では、「東海大ミネスタウェーブ」や、「知のコスモス」の制作指導にあたる。09年には「東海大学皆既日食観測プロジェクト」として、湘南校舎のスタジオを拠点に、全国のキャンパスや、海洋調査研修船「望星丸」とをつなぐ生放送番組の指導を行った。

Community Care Team

コミュニティケアチーム

つながりを築き ニーズに沿った支援を続ける

「どんぐりハウス」を建設した地域と完成後もつながりを築き、地元の方々のニーズに沿った支援を続けていきたい――。そんな思いから「人々が集うことで人と人とが“つながる”」を活動テーマに掲げている「コミュニティケアチーム」。9月1日から4日まで岩手県大船渡市を訪問し、小学生や住民らとの交流を柱にした活動を展開した。

被災地に元気と笑顔を 多彩な支援活動を計画

「応急住宅チーム」が建設した「どんぐりハウス」を基点に、地域の人々が交流する機会を増やすイベントやワークショップなどを企画・実施する「コミュニティケアチーム」。

プロデューススチームのメンバーやチャレンジセンターの呼びかけに応じて集まった学生は、学部も学年もばらばら。

「岩手県出身なので地元の復興に役立ちたい」「被災地のために何かしたいが、どうすればいいのかわからない」「ボランティア活動に継続して取り組みたい」「友人に誘われた」など、参加の動機も人それぞれだ。中にはリーダーの川崎優太（工学部4年）のように、応急住宅チームでどんぐりハウスの建設に携わった学生もいる。

「あの大震災から1カ月、2カ月と月日が経っていく中で、ハード面だけでなくソフト面での支援も求められるようになってきた。被災地の方々に元気と笑顔を届けたいと集まったチームですが、実際にどのような活動をしたら喜んでもらえるのか迷い、何度もメンバー間で話し合いました」と川崎は振り返る。

大震災から3カ月後の6月ごろから打ち合わせを重ねたものの、初対面の学生が多いために話し合

設計図を見ながらサイズに合わせて間伐材の長さを慎重に測り、のこぎりで1枚ずつ丁寧に切って組み立てていく

いもぎこちなく、具体的に何をしたらいいのか意見もまとまらない。他チームのメンバーにも助けてもらいながら、7月中旬にようやく具体的な活動内容を決定。現地からの要望をもとに、小学校での本棚作りと、どんぐりハウスの屋外掲示板・花壇作りの2つの活動を通じて地元の人々と交流を深めることになった。

「本棚が足りない！」小学校の要望に応える

9月1日早朝、リーダーの川崎を中心にした文学部、理学部、工学部の1年生から4年生までの学生9人は、プロジェクトアドバイザーの梶井龍太郎教授（教養学部長）とともに3泊4日の日程で湘南校舎を出発。岩手県大船渡市三陸町越喜来《おきらい》泊《とまり》地区を目指した。

「私たちの活動を通して現地の方々に笑顔になってほしい。でも、温かく迎えてくれるかな?」「迷惑だと思われていたらどうしよう」。さまざまな考えがよぎる。

これから始まる活動への期待と不安を抱えたまま、泊地区に到着した。

翌日、チーム初となる交流活動に取り組むために、泊地区の隣の甫嶺《ほれい》地区にある大船渡市立甫嶺小学校へ。

同校には現在、東日本大震災によって校舎が使えなくなった越喜来小学校と崎浜小学校が間借りしており、3校の児童による合同授業が行われている。震災前は越喜来小に通っていた泊地区の小学生も、スクールバスを利用して約3㌔先の同小に通っている。

学生たちは「図書室の本を整理するための本棚が不足している」という小学校からの要望に応え、杉の間伐材を使った本棚とマガジンラックを制作。さらに、放課後のスクールバスの待ち時間を利用して、低学年を対象にしたちぎり絵ワークショップも計画していた。

「いよいよ現地の小学生との交流だ！」

緊張した面持ちで小学校に足を踏み入れ、図書室を借りてさっそく作業に取りかかる。

組み立てが終わったら、紙やすりで表面を滑らかにする。「腕が疲れるけれど、子どもたちのために頑張る」と学生たち

ちぎり絵はラミネート加工をして完成（右写真）。本棚を整理するための分類札も学生たちが手づくりした（左写真）

子どもたちと一緒にちぎり絵作り。楽しくて、時間があっという間に過ぎてしまった

しかし活動初日とあって、作業分担や時間配分の指示も互いにどこか遠慮がち。それに加え、「地元の人と交流がしたい」のに、今はただ図書室に閉じこもって黙々と本棚を作るだけ。気ばかりが焦るが、なかなか作業は進まない――。

バラバラになりそうな彼らの心を解きほぐしたのが、本棚作りへの感謝の言葉とともに冷たいお茶を差し入れてくれた小学校の先生方や、元気にあいさつをしてくれた子どもたち。学生たちの顔にも少しずつ「皆に喜んでもらえるんだ」という思いがよみがえり、間伐材を1本ずつ丁寧に組み立てていった。

東北とはいえ9月はまだまだ暑い。ぬぐっても汗は流れ、Tシャツはもちろん、ジーパンまでも水をかぶったように濡れているが、誰も気にしない。

昼食もとらずに作業に熱中し、予定より少し遅れの午後1時半近くにようやく本棚とマガジンラックが完成した。

ちぎり絵作りで小学生と交流深める

「完成品を贈るのは、気持ちさえあれば誰でもできること。自分たちの手を使って、汗を流して作ることで、〝物〟だけではない〝心と心の交流〟が生まれる。それこそが、大学生である僕たちらしい支援ではないでしょうか」と学生たちは語る。その思いをさらに深めるためにと皆で考えたのが、子どもたちと一緒にちぎり絵を作って、本棚に飾りつけるアイデアだ。

本棚とマガジンラックが完成してほっとしたのも束の間、体育館に場所を移し、急いでちぎり絵ワークショップの準備に取りかかる。やがて、授業を終えた1、2年生の児童31人が体育館に集まってきた。

「何を話せばいいんだろう」。不安が次々と頭をよぎる。でも、自分たちにできるのは元気に子ども

色とりどりのちぎり絵をバランスよく本棚に飾りつけていく

ワークショップまでの空き時間に、越喜来小学校を襲った津波について説明を受けた

ワークショップ開始前には学生が一人ひとり自己紹介。子どもたちに笑顔で語りかけた

たちと接すること。全員がその思いを胸に抱き、笑顔で子どもたちと向き合う。

４つのグループに分かれ、夢中になってちぎり絵を作っているうちに、初対面の緊張はいつの間にかどこかへ行ってしまった。にぎやかにおしゃべりをしながら、季節の花や行事をモチーフにした下絵に、お気に入りの色紙をちぎって貼りつけていく。教える側の学生も、子どもたちと同じ目線で話し、笑っていた。

「子どもたちと仲よくなれるか心配だったけれど、実際に遊んでみたらそんな不安はどこかに消えてしまった」と振り返る。

短い時間ではあったものの、元気いっぱいの小学生とともに作った色とりどりのちぎり絵が完成。一つひとつにラミネート加工を施し、本棚に飾りつけた。

「すてきな本棚を作ってもらって感謝しています。これで、ようやく図書室の本の整理ができる。子どもたちも大切に使ってくれると思います」と先生方に話しかけられ、ホッとした表情で小学校を後にした。

「バイバイ！」「また遊びに来てね！」。その背中に、子どもたちの声がいつまでも響いていた。

台風にも負けずに
懸命に屋外作業を続ける

その夜、全員が集まって翌日の打ち合わせが行われた。皆の共通の心配は、「明日、雨が降ったらどうするか」ということ。大型の台風が勢力を保ったままゆっくりと四国、中国地方に進んでおり、その影響で翌日は大船渡も雨と風が一段と強くなる予報が出ていた。

話し合いの結果、当初は泊地区の住民と一緒にどんぐりハウスで花壇作りをする予定を急きょ変更。学生たちだけで取り組むことになった。

地元の人たちとふれあう貴重な機会だっただけに残念——。

しかし、自分たちの気持ちよりも先に考えなければならないのは、地元の方のこと。住民の中には高齢者も多く、大雨の中での作業は危険が伴う。打ち合わせが終わるころには、「大船渡での活動最終日を、悔いのないように力を合わせて頑張ろう！」と皆の気持ちは一つになっていた。

翌日の９月３日は、どんよりとした雲が空を覆っていた。雨が降らないうちに少しでも作業を進めようと、泊地区の応急公民館として利用されているどんぐりハウスに急いで向かう。

「地域のお知らせを、いつでも誰でも気軽に見られる掲示板が欲しい」という住民の要望を反映し、屋外掲示板の制作を今回の交流活動の一つに定めていた。臨時のバス停として使用してもらうことも想定し、バスを待っている人が座ったり荷物を置いたりするためのベンチもつけることに。さらに「公民館の利用者やバスを待つ人の憩いの場にしたい」と、花壇作りも計画していた。

いずれもどんぐりハウスで採用したウッドブロックを使用。湘南校舎である程度の形を作ってきたものの、整地や組み立て、花壇の土入れ、花の植えつけなど、やることはたくさんある。しかも作業を始めて間もなく雨が降ってきた。風も強い。用意してきたレインコートを急いで着たが、作業に集中するうちに全員びしょびしょに。濡れた体が冷えて寒い。あまりの大雨に、やむなく作業を中断せざるを得ないこともあった。

幸い午後からは雨が上がり、午後4時近くになって屋外掲示板と花壇がようやく完成。様子を見に来た近所の人からは、「大震災前にも花壇で花づくりを楽しんでいたので、またそれができると思うとうれしい」「バスを待つ間にベンチに座っていられるのが便利」と笑顔でねぎらわれた。

どんぐりハウスで地元とつながる

4月下旬から5月初旬にかけて応急住宅チームが建設したどんぐりハウスを中心とした地元とのつながりは、9月のコミュニティケアチームの活動でも生かされた。

「どんぐりハウスが完成した後も東海大学の学生さんや先生方が大勢訪れてくれて、さまざまな活動をしてくれるのがありがたい」と話してくれたのは、泊区長の今野貴久雄さん。今野さんが営む民宿「とまり荘」には、応急住宅チームに続いてコミュニティケアチームも宿泊。活動の拠点として活用させてもらった。

「また来たか。建設のときには危なっかしかったけれど、少しはたくま

皆で力を合わせて屋外掲示板と花壇を作る。ようやく完成した屋外掲示板は「どんぐり掲示板」と命名。さっそく、地域のお知らせが張られた

しくなったかー」と笑顔で迎えてくれたのは、5月の建設時に〝棟梁〟と学生たちに慕われた林明さん。降りしきる雨の中で屋外掲示板作りを続けた学生を自宅に招待。郷土料理・どんこ汁とおにぎりの昼食をごちそうしてくれた。

林さんの呼びかけで集まってくれた近所の人たちと一緒に、心尽くしの料理を味わった学生は、「田舎の祖父母の家に遊びに来たみたい」「温かくておいしくて、もっとお代わりしたい」と大喜び。昼食後は、お礼代わりに用意してきたビンゴゲームに住民と学生がペアになって挑戦。「年配の方々に楽しんでもらえるかな?」と初めは不安だったものの、ゲームが始まってみると大盛り上がり。「また顔を見せてね」「また遊びに来ます」と互いに再会を誓い合っていた。

大船渡での反省を今後の活動に生かす

3泊4日の交流活動を終えた学生たちは、「また来てね、と笑顔

で言われたことが今後の活動のモチベーションにもつながる」「コミュニティケアチームだからこそできることは何かを考え続け、活動を発展させていきたい」「メンバーの一員としてチームへの愛着が深まった」と前向きに語る。

しかしその一方で、「活動計画の立て方が甘かった」「メンバー間の情報共有が足りなかった」「ミーティングや作業の際の集まりが悪かった」「支援に行ったはずなのに、振り返ってみれば地元の方々に助けられ、笑顔に励まされた」といった反省の言葉も次々と上がった。

活動を見守った梶井教授は、「外から見たら小さなことでも、自分たちが今できることを精いっぱいやったことが何より大切。地元の方々との交流を通じて学生たちは成長した。この活動をぜひ続けてほしい」とエールを送る。

9月下旬。卒業制作で忙しくなるリーダーの川崎に代わり、広報担当として大船渡でも活躍した佐藤由紀（理学部1年）が新リーダーに就任した。そしてチームの活動を東海大学新聞や大学ホームページで知った学生が、新たにメンバーに加わった。

「新チームが始動するにあたり、私たちのチームが目指すこと、活動の目的や理念を、メンバー全員でもう一度じっくり話し合い、共有することを心がけました。新リーダーとして、まだまだ足りないところがありますが、先輩方に助けてもらいながら活動を継続させていきたい」と佐藤。

「人々が集うことで人と人とが〝つながる〟」というチームの目標は、少しずつかたちになっている。

「どんぐり募金」に協力を呼びかけ

「3・11生活復興支援プロジェクト」では募金活動を「どんぐり募金」と名づけ、6月からコミュニティケアチームが中心となって広く学内外に協力を呼びかけてきた。関東地方に住んでいてもできる被災地支援の一環として、どんぐりハウスの建設に必要になる資材費などに対して寄付を募るもの。

具体的には、チャレンジセンターのほかのプロジェクトや学部学科に協力してもらい、各種コンサートやシンポジウム会場で募金活動を実施。また、ボランティア関連サイトや新聞にも募金情報を掲載。12月末からは、湘南校舎の近隣にある東海大学駅前商店街に協力を依頼し、約20店舗に募金箱を置いてもらっている。

開始から11月までに集まった寄付金20万円は、どんぐりハウスの1棟目および2棟目の断熱材の費用として使用。その後も募金活動を継続し、どんぐりハウスの環境整備や地域文化を継承させる手助けなど、地域コミュニティを再構築するために欠かせない資金として活用している。

6月29日には湘南校舎の松前記念会館講堂で、チャレンジセンターの「Music Art Project」がチャリティーコンサートを開催。集まったお金を「どんぐり募金」に寄付した

【どんぐり募金の振り込み先】
銀行名：横浜銀行　店名：東海大学駅前支店　店番号：663
口座番号：（普）6032050
名義：トウカイダイガクチャレンジセンター　3.11　セイカツフッコウシエンプロジェクト

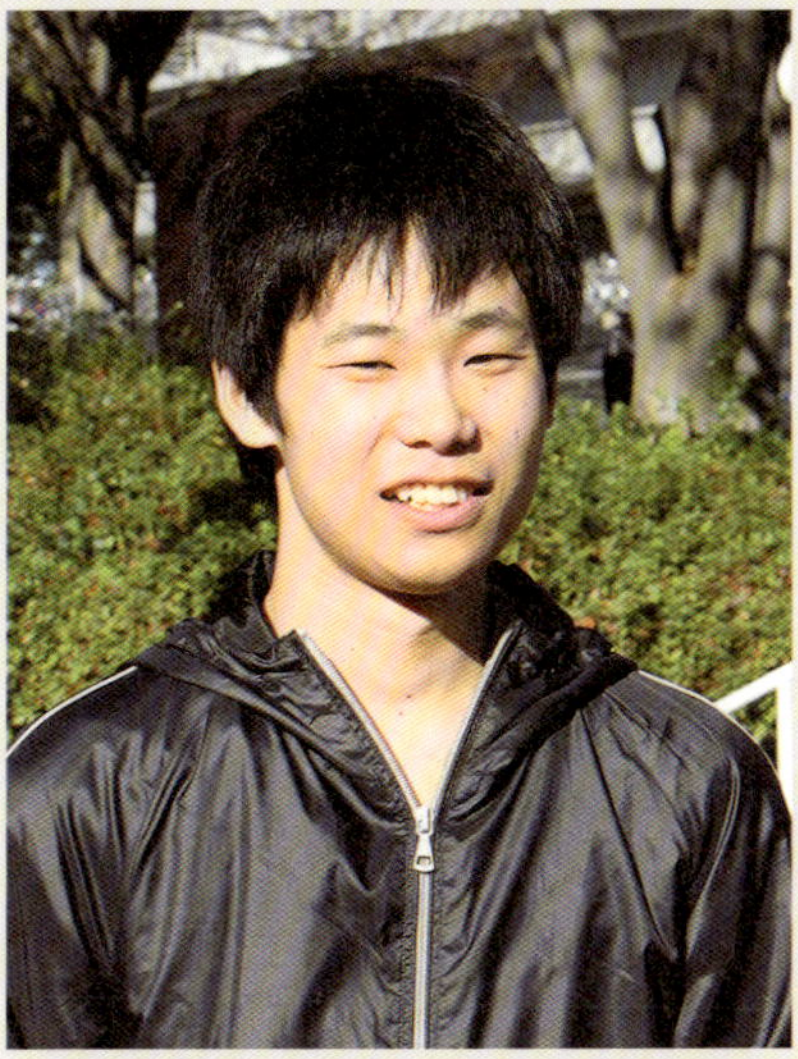

Interview 4

経験不足のリーダーを仲間が支えてくれた

コミュニティケアチーム　リーダー
川崎優太（工学部建築学科4年）

僕は人見知りをするし、ムードメーカーでもありません。リーダーになった経験はこれまで一度もなく、最初はどのように皆を束ねていけばよいのかわからずに戸惑いました。応急住宅チームで「どんぐりハウス」の建設に行った際には、メンバーの一人としてリーダーの指示に従って動けばよかったのですが、このチームでは違う。一番に考えたのは、「全員で楽しくやる」ということです。話し合いの場をなるべく多く持って一人ひとりの考えを集約し、それを活動に反映させることを心がけました。リーダーが引っ張っていくのではなく、仲間との和を大切にしてチームをつくり上げていくほうが自分には向いていると感じたからです。

経験不足のリーダーだったので、活動中はチーム全体を見る余裕がなく、いつもあたふたとしていました。でも、そんな僕を皆が助けてくれ、一緒になって考えてくれた。仲間がいてくれたからこそ、大船渡での交流活動をなんとか成功させることができたのだと感謝しています。

夏季休暇が終わった後、佐藤由紀さん（理学部1年）にリーダーを引き継ぎましたが、何事にも一生懸命な彼女から教えられることも多い。他チームのメンバーとも積極的にかかわり、多くのことを吸収している姿を見ると、「僕もこうすればよかった」と自分が情けなく思えることもあるんですよ。それでも、活動を通じて他人とのコミュニケーションのとり方を学べたし、「自分はこれを頑張った」と自信を持って言えるものもできた。さらに、チームメンバーとリーダーという2つの役割を経験したことで、苦手だった自己分析もできるようになり、自分にはどんな職種が向いているのかを冷静に考えられた。その結果として満足のいく就職活動ができました。

チームメンバーは4年生が多かったので、活動を次の年代に上手に引き継いでいけるのか少し心配でしたが、新メンバーも参加してくれて、新リーダーを中心に次の交流活動の計画・準備も進んでいる。今後も私たちの活動が継続・発展していくことを願っています。

Interview 5

活動を通じてチームが成長した

コミュニティケアチーム アドバイザー
梶井龍太郎 教授（教養学部長）

多様な学部・学年の学生が集うコミュニティケアチームは、専門分野の学びを柱としている応急住宅チームやライフメディアチームとは異なり、「具体的に何をするのか」という明確なテーマが決まっていない状況から活動がスタートしました。しかも、ほとんどが初対面。学生たちにあるのは、「とにかく行動に移したい」「被災地の役に立ちたい」という気持ちだけでした。当初はメンバー同士がばらばらで、「チームとして存続できるのか？」と周囲から危ぶまれたこともありました。

そんな学生たちが、大船渡での交流活動を通じて変わりました。現地では悪天候に悩まされたり、準備していた資材が足りなかったり、計画どおりにいかないことがたくさんありました。しかし、さまざまな困難にぶつかったことで、リーダーを支えて互いに助け合う雰囲気がチーム全体に自然と生まれ、結果として活動を成功させることができました。これこそが、チャレンジセンターが目標とする「集い力」「挑み力」「成し遂げ力」ではないでしょうか。

あの大震災から1年が経ち、被災地が復興へと進んでいる今、〝つながる支援〟をコンセプトに掲げるコミュニティケアチームにできることはたくさんあるはずです。ほかの2チームと違って、ある意味何をやってもいい。チームとして活動を継続することはもちろんですが、チャレンジセンターのほかのプロジェクトや学内のサークル、研究室などと協力して、より幅広い支援活動を展開することも考えられます。アドバイザーである私の役割は、学生たちを裏方として支えていくこと。あくまで活動の主体は学生自身です。学生たちにとって、チームでの活動は学科や学部の学びとは直接関係がありません。ですが集団の中で自分の資質を生かし、何かしらの役割を担うという経験は、社会に出てからも必ず役立つと信じています。

最初の一歩は小さくても、そこから受け取るものは大きくて、それが必ず次へとつながっていく……。その意味でも、コミュニティケアチームの今後の活動に大きな期待を寄せています。

かじい・りゅうたろう
2007年4月から09年3月までチャレンジセンター次長。音楽を通じて仲間と出会い、多くの経験を積むことを目的に、2年に1度の学生オペラ公演などの活動を展開しているチャレンジセンター「Music Art Project」のアドバイザーも務めている。専門は声楽、劇場学。

第2章

プロジェクト活動の未来を語る

東日本大震災から1年。これまでの経験を糧に、大船渡や石巻の「どんぐりハウス」を拠点にした復興支援活動を継続・発展させている学生たち。被災地の現状を目の当たりにし、そこに住む人々と語らうことで、何を考え、いかに成長したのか——。「集い、挑み、成し遂げる」ことの大切さとともに、プロジェクト活動の未来を語る。

続く、広がる復興支援活動

大船渡市と石巻市での応急建築物「どんぐりハウス」の建設やそれに伴う各チームの活動は、その後も、さまざまなかたちで継続し、取り組みの幅も広がっている。

名取市子ども図書室を設計 企画・構想に携わる

応急住宅チームは10月から、活動の一環として宮城県名取市の「名取市図書館どんぐり子ども図書室」建設に協力した。

名取市図書館は震災による甚大な被害を受け建物が利用できない状態となっており、プレハブの仮設図書館で運営されてきたが、手狭で子ども向けのスペースが確保できずにいた。

そこで今回の取り組みをコーディネートした、博物館・美術館、図書館、文書館、公民館の関係者らによって構成される文化活動団体「saveMLAK」の働きかけもあり、「子ども図書室」を計画。公益財団法人日本ユニセフ協会が建設資金を負担し、名取市に寄付されることになった。

「3・11生活復興支援プロジェクト」ではsaveMLAKの依頼を受け、プロジェクトアドバイザーの杉本洋文教授（工学部）の指導のもと、学生たちが建築全体に関する企画・構想を担当。「どんぐりハウス」をモデルに、「ウッドブロック構法」を用いて設計した。

子ども図書室は今後10年以上活用する可能性もあり、仮設ではなく通常の建築物として行政に建築許可を申請。プロの設計事務所や工務店が建築作業にあたった。

この建物は1階建てで建築面積が156平方メートルと、これまでのどんぐりハウスに比べ約6倍の大きさとなる。学生たちは「これまでに経験のないサイズで戸惑った」というが、「図書館の再開を待ち望んでいる子どもたちの期待に応えたい」と奮起。模型制作や建物のCG、館名板のデザインにも取り組んだ。

書架の組み立てや 書籍の整理も支援

建設が急ピッチで進む中、新しい図書室に設置する本棚を購入する予算がなく、蔵書を整理するめどが立たない名取市に代わり、プロジェクトではsaveMLAKや「かながわ東日本大震災ボランティアステーション」などと連携して本棚購入のための資金提供を「どんぐり募金」を通じて呼びかけた。活動に賛同した多くの方々から募金が寄せられ、図書室内で使用す

組手什の組み立てや書架の整理を手伝う学生たち

る書架用として木製キット「組手《くで》什《じゅう》」などを寄付した。

そして12月後半、クリスマスに合わせて建物が完成。コミュニティケアチームのメンバー3人が同市を訪問して組手什を組み立てを手伝った。

1月6日に開かれたオープニングセレモニーには、応急住宅チームの影沢英幸（大学院工学研究科1年）と玉井秀樹（同）、チャレンジセンターの大塚滋所長（法学部教授）、プロジェクトアドバイザーの杉本教授が出席した。

セレモニーの前日には影沢と玉井の2人で、図書館職員による書籍の搬入作業を支援。また、図書室には学生たちが制作した建物の模型もプレゼントした。

図書室には、絵本や児童書を中心に約2万冊が収蔵された。セレモニー直後から開館を待ち望んだ子どもたちが長蛇の列をつくる。影沢と玉井はその様子を見つめながら「ビーチハウスやどんぐりハウスで培ったノウハウが被災地で生かされ、子どもたちの笑顔につながった。これからも地域活性化に貢献していきたい」と充実の表情を見せた。

テレビ局のその後を伝える 3・11に生放送を企画

「こどもテレビ局」のその後を伝える――。ライフメディアチームでは、8月に大船渡市で実施した「夏休みこどもテレビ局プロジェクト」の活動を継続している。東日本大震災発生からちょうど1年後の2012年3月11日午後1

どんぐりハウスのノウハウを生かし、学生たちが設計した「どんぐり子ども図書室」。オープニングセレモニーのテープカットにはチャレンジセンターの大塚滋所長（左から2人目）も加わった

時から3時まで、湘南校舎のある平塚市の湘南ケーブルネットワーク（SCN）で特別生放送「東海大学3・11震災特別番組『未来《あす》へ』」を企画。メンバーたちは着々と準備を進めている。

3月の生放送に備えるため、12月30日から1月4日には学生4人が大船渡市を再訪し、子どもたちと再会。カメラを手に再び取材活動に取り組んだ。

「夏に子どもたちと取材した場所の今の様子を撮影しました。ホテルは営業を再開し、コンビニも建っている。復興の様子を肌で感じています」とメンバーたち。

12月30日から1月4日まで、大船渡市を再訪。子どもたちと再会し、取材活動に取り組んだ

本番に向けて鈴木友香（文学部1年）は、「プロが作った映像を見ていても、〝人ごと〟に感じてしまう。学生の目線を生かして、現状や被災地の声を伝えていきたい」と話す。木村和香奈（同）は、「商店街や仮設住宅の方たちがつらい記憶も快く話してくれました。それは子どもたちに覚えていてほしいと考えているからだと思います。それらを伝えていくことが私たちの役割です」と意気込む。

番組では事前取材のほか、湘南校舎の「東海大学キャンパススタジオ」と大船渡市内とを生中継で結び、被災地復興の現状を伝える予定だ。これまでのつながりを生かし、撮影してきた映像を通して復興の歩みや人々の生活の変化を紹介する。

今回の特別生放送からライフメディアチームの新リーダーとなった中島聖斗（同2年）は、「年末年始の取材時に、現地の方から〝若い人が来てくれると元気が出る〟と言っていただきました。僕たちの世代がこれからの社会をつくっていくという思いを番組に込めたい。大船渡からの生中継には不安もありますが、伝えることへの責任も強く感じています」と語る。

連日のミーティングで、番組内容を詰めていく

当日は工学部土木工学科の山本吉道教授が、平塚市に津波が訪れた場合の避難経路や対策について説明するほか、簡単にできる防災対策などを紹介するコーナーも用意している。総合プロデューサーを務める泉亮輔（同）は、「1年間かけて取材してきた大船渡の復興の様子を伝えながら、地震が発生した午後2時46分に大船渡市とスタジオを中継でつなぎ時間を共有することで、今回の震災を風化させることなく、あらためて復興に向けて共に歩んでいく機会にしたい」と話している。

3月11日の生放送に備え、湘南校舎3号館の「東海大学キャンパススタジオ」でリハーサルに取り組む

地元の祭りに合わせ 料理と凧揚げで交流活動

コミュニティケアチームでは2月4、5の両日、応急集会所として建設した石巻市北上町十三浜相川・小指地区のどんぐりハウスを拠点に、地元の子どもや住民らと交流活動を展開した。同地区で毎年2月に行われる地域の伝統行事

「春祈禱《はるきとう》」の実施に合わせて企画したものだ。

津波によって祭りの道具が流失し、開催が困難になっている状況を知った学生たちは、チームが祭りの手伝いをすることで伝統行事が途切れることなく開催され、地域の文化と伝統が継承されるよう支援することを提案。どんぐり募金の中から、祭りに使う笛を寄贈した。

郷土料理に挑戦する子どもと学生たち

期間中は子どもとお年寄りが共に楽しめる交流活動として、郷土料理作りと凧作り・凧揚げの2つを企画。チームリーダーの佐藤由紀（理学部1年）は、「震災前は近所に住んでいた人たちが、2つの仮設住宅群に分かれて暮らしている。春祈禱は皆が楽しみにしているお祭り。それに合わせて住民同士が世代をこえて交流できる機会になれば」と企画に込めた思いを語る。

4日には、どんぐりハウスに隣接する公民館を会場に、神奈川県横須賀市発祥の「へらへら団子」と、枝豆をつぶして作る宮城県名物の「ずんだ」を合わせる郷土料理作りに挑戦。団子に使う白玉粉のこね方や枝豆のつぶし方などを子どもたちに手ほどきし、一緒に料理を味わった。

料理作りの最中には、隣接する仮設住宅の住民から地元で食されている「じゃがいも餅」や「かぼちゃ餅」の差し入れもあり、そのおいしさに学生たちは舌鼓。作り方を教えてもらいながら「もっと力を入れて素早くこねないとダメ」などアドバイスを受けると、「まるで花嫁修業みたい」と、学生と住民が共に大笑いする場面もあった。

一方、どんぐりハウスでは、大凧と小凧の制作を実施。学生たちの企画に賛同し、同行してくれた「相州凧の会」会員の内田敏夫さん（神奈川県平塚市在住）が講師を務め、大凧の組み立てやビニール製の小凧作りを指導した。

1・2メートル四方の大凧には、「子どもも大人も笑顔で凧揚げを楽しんでほしい」との学生たちの思いを込め、「笑」の字を墨書。その周りに子どもたちや住民がメッセージを書き込み、カラフルな大凧が完成した。

中心となって進めてきた高橋亮（政治経済学部1年）は、「皆の復興への思いが詰まっている大凧を、住民同士や子どもたちとお年寄り、それに僕ら学生の交流の象徴として空高く揚げたい」と目を輝かせた。

春祈禱当日の5日には住民とともに学生たちも祭りに参列。相川地区自治会長を務める鈴木学さんから「東海大の学生さんたちの支援で祭りの道具がそろいました」と笛の寄贈が伝えられると、集まった住民やボランティアの方たちから大きな拍手がわいた。

祭りでは神官の先導で津波の被害を免れた家や仮設住宅を回り、学生たちは笛と太鼓に合わせて豪快に舞う獅子舞を見学。各家で供される菓子に大喜びの子どもたちや祭りを祝い合う住民らと一緒になって、伝統行事を通しての交流を楽しんだ。

「笑」と大書した凧に復興への祈りを込めた

春祈禱が終わり、海岸でいよいよ大凧揚げに挑戦することに。なかなか強い風が吹かずあきらめかけていたところ、ようやく吹いてきた風に、学生と地域住民の方々の思いをなんとか大空に舞い上がらせようと、内田さんが巧みな糸さばきを見せる。参加者の大歓声の中、大凧は見事に空に舞い上がった。

学生と子どもたちの大歓声の中、大凧が舞い上がる

続くプロジェクト活動 さらなる充実を図る

「3・11生活復興支援プロジェクト」は2011年度、チャレンジセンターの特別プロジェクトとして活動してきた。特別プロジェクトは社会的・教育的意義の観点から、大学として取り組むべき課題である点、もしくは外部から要請があり社会的に意義がある取り組みである点のいずれかに該当することを条件に本センターが企画。1年間限定で活動するものだ。

本プロジェクトでは、12年度以降も活動を継続していくため、本センターに属するほかのプロジェクト活動と同様に「チャレンジプロジェクト」(※)に申請。教職員らによる審査会を経て採択された。

プロジェクトリーダーの下田奈《だい》祐《すけ》(工学部4年)は、「今後は、たとえば仮設住宅における孤独死の問題を解決するために地域コミュニティの活性化を図るといった仕掛けづくりが重要になります。ハードとソフト両面を同時に考えた計画が必要になる」と話す。

すでに大船渡市と石巻市に建設したどんぐりハウス周辺を地域コミュニティの拠点として活性化させるため、地域の市場や託児施設といった機能を複合した「タウンセンター」として整備する活動なども企画している。現行の「コミュニティケアチーム」による〝つながる支援〟も現地の声を聞きながら継続していく考えだ。

また、「ライフメディアチーム」の活動も従来どおり、「こどもテレビ局」を柱に、現地での打ち合わせや内容の検討、取材活動などに取り組む。

プロジェクトでは、これまでも掲げてきた〝持続可能な復興〟に向けて、さらに活発な活動を展開していく。

※チャレンジプロジェクト　学生が自由な発想で企画立案したプロジェクト活動を支援するもの。ものつくり系やボランティア系、地域活性系などさまざまなテーマがあり、2012年度は17プロジェクトが採択された。

復興への思い～私たち学生にできることを～

プロジェクトメンバーに聞く！

Q1 プロジェクトに参加したきっかけ、理由は？

ライフメディアチーム
田中俊行（文学部３年）

今回の震災では、早い段階から多くの人がボランティアに貢献していました。それだけ“人ごと”とは思えない出来事だったからだと思います。一方で、スーパーの売り場は空になり、都会の人でも支援物資を集められない状況になったり、どうすればいいかわからない、支援をしたくてもできない人もいたと思います。そんな中で「自分には何ができるのだろう」と考えているうちに、東海大学にも「3.11生活復興支援プロジェクト」が発足しました。支援をしたくてもできない人もいるのだから、支援できる環境にいる自分はやるべきじゃないかと思い、参加しました。

応急住宅チーム
渡邉光太郎（工学部４年）

建築学科で学んだことを生かして、仮設住宅の建設などができないかと考えました。

ライフメディアチーム
中島聖斗（文学部２年）

社会人よりフットワークが軽い現在、学生生活の間で何かできることはないかと考えて参加しました。自分一人では何度も被災地を訪問して支援活動を続けることは難しいですが、大学のバックアップがあるため、積極的に支援活動に参加することができました。

コミュニティケアチーム
刀《と》祢《ね》明《あき》洋平（政治経済学部２年）

テレビで地震や津波の痛々しい場面が多く流れていて、「一人の人として何かできないだろうか」と唐突に思いました。たくさんのボランティア活動が動き出しているという報道の中、偶然にも数日後にインターネットでプロジェクトのことを知りました。

応急住宅・コミュニティケアチーム
宮田いずみ（文学部３年）

私は東北出身でもないし、修学旅行で訪れたきりですが、３月11日に起きた大規模な地震と津波を目の当たりにして、いてもたってもいられなくなりました。「3.11生活復興支援プロジェクト」の前身である「キャンパスストリートプロジェクト」に参加していたので、メンバーたちがFacebook上で「東海大学でも何かできることがないか」と話していたのを目にし、その後開かれた会議に参加しました。

Q2 活動を通して学んだことは？

応急住宅・コミュニティケアチーム

塩野俊介（工学部４年）

被災地の支援を考えたとき、まず第一に思いつくのが物資などを提供することだと思います。それも重要なことですが、やはりソフト面での支援こそ本当に必要であると感じました。現地の方に生きがいや役割を持ってもらい、自分たちの手で少しずつでも復興に向かっていこうという環境をつくる手助けが重要なのだと知りました。

プロデュースチーム

下田奈祐（工学部４年）

復興支援は復興に手を出すことではなく、それを促すこと、あくまで脇役であること。実際に東北を訪れ、住民と話し、共に「どんぐりハウス」を建てたことで、そのことを肌で感じました。

コミュニティケアチーム

備家《びか》悠一郎（文学部４年）

「持続可能な支援」とは何か――それを見いだすことの難しさを実感しました。単に金銭面や物による支援だけでは本当の復興とはいえず、むしろ遠ざけてしまう可能性だってある。与えるだけでなく、被災地の方々が以前の暮らしを取り戻すためにはどのような支援が必要なのかを模索することが大変でした。しかし考える前に行動し、直接被災地の方とふれあいながら探していくことが一番なのだなと、９月に大船渡市を訪ねたときに感じました。

応急住宅チーム

桜井寛（工学部４年）

被災地の悲惨な状況など、実際にその場に足を踏み入れて初めて体感し、テレビで見て知った気でいた自分が恥ずかしくなるくらい衝撃を受けました。震災のことだけではなく、今まで自分がいかに世間のことに無関心で、知ったかぶりだったのかを思い知らされました。

応急住宅チーム

笹目宗（工学部４年）

仮設とはいえ、一つの建築物を設計から施工まで自分たちの手で行うことが初めての経験だったので、難しくわからないことばかりでした。図面は普段、自分たちが描くものとは全く違い、細かい表記の描き方などが非常に勉強になりました。最初は自分たちのプロジェクトが支援になるのか、自己満足と見られないかなどと考え、現地に行くことすら不安でした。しかし実際に被災地に行き、地域の人と交流することで逆にパワーをもらいました。支援しに行ったはずが、私たちのほうが助けられたと思います。学生の活動でも、大学や企業、社会を通じていろいろなパワーを与えられる。点と点から線ができ、線と線から面ができ、面と面から奥行きができるように、何があっても進み続けることが重要なのだと感じました。

応急住宅チーム

秋田彩絵（工学部4年）

応急住宅を建設するために岐阜でウッドブロックの加工をしました。私は直接、東北に行って支援したわけではありませんが、どこにいても支援は可能であり、離れていても通じ合うことはできるんだなと思いました。

ライフメディアチーム

山崎洸太（文学部4年）

子どもたちと一緒に番組を制作する中で、子どもたちの目線で考えることで学べることはたくさんあるということに気づきました。

応急住宅チーム

篠原佑典（大学院工学研究科2年）

個人の仮設住宅の建設をイメージしていましたが、仮設住宅の建設の先に求められるものは地域の交流の場であると知り、復興への道筋を学ぶ機会でもありました。

応急住宅チーム

親松直輝（大学院工学研究科2年）

日本人が忘れていた“絆”や“思いやり”などを再び感じました。実際に現地に行ったわけではないので、応急公民館を使用している写真や子どもたちが制作した動画を見ることで現地を知り、現代だからこそできる“つながり”を感じ、一人では生きていけないということを学びました。

ライフメディアチーム

鈴木千遥（文学部3年）

瓦礫を片づけ、支援物資を送るという生活に密着したことだけがボランティアではないと感じました。また、気持ちのこもったメッセージは、特別な手法や勉強はあまり関係なくて、作り手がいかに考え、“伝えたい”という気持ちを持つことが大切なのだと学びました。大船渡で過ごし、大船渡が大好きになりました。早く、「被災地」ではなく、「大船渡」と呼ばれることを願っています。

応急住宅チーム

堀江亮太（工学部4年）

実際に現地に足を運び、被災した方々とふれあうことで、あらためて自分がかかわってきた「建築」という分野の大切さを五感で感じることができました。被災地という特殊な状態で建築にかかわったことで、「家」という空間の大切さを痛感しました。

ライフメディアチーム

髙橋智也（文学部3年）

被災された方々とどのような姿勢で向き合うべきなのか困惑していましたが、被災地の方々は自分が思っていたよりも生き生きとしていて、復興に対して熱い思いで頑張っている姿が印象に残りました。現地の人たちとの交流を通じて、つらいことがあってもまた立ち上がって頑張っていくことの大切さを学びました。

コミュニティケアチーム

中島麻耶（教養学部4年）

「どんぐり募金」を呼びかけるにあたり、時間が経てば経つほど金額は集まらなくなりました。それでも私が募金活動を続けてきたのは、この震災を忘れてはいけないという思いからでした。これほどまでに大きな被害を出した震災も、きっと忘れ去られていきます。あの悲惨な状況をテレビで見ていたとしても必ず忘れてしまいます。だからこそ、支援を続けていかなければならないと思っています。

応急住宅・コミュニティケアチーム

川崎優太（工学部4年）

今まで、人前に立って何かすることを極端に避けてきましたが、この活動をきっかけとして、より人とかかわって行動することの大切さを学びました。そして多くの仲間から、つらいことや楽しいこと、協力して一つのことを成し遂げる大切さを教えてもらいました。

Q3 今後の活動に対する「思い」や「抱負」、震災を受けて感じたことは？

応急住宅チーム
影沢英幸
（大学院工学研究科１年）

自分を含めた「みんな」が学生のときに体験した経験を、見た、聞いた、考えたことを、これから先の将来に生かすことに努めなければならないと思います。３月11日のことを風化させず、持続的に支援をしていきたいです。活動を始めたり、少し活動することは誰でもできる。大切なのは、これから何十年にもわたって支援を継続することだと思います。原発の問題を含めて、終息するのは何十年も先のことだから。

応急住宅チーム
下田剛史（工学部３年）

現地の方々に「どんぐりハウス」を快適に使用してもらうために、メンテナンスをしたり、現地の方々の話を聞き、改善を行ったりしたいと思います。

応急住宅チーム
田中祐也（工学部４年）

自分たちで設計した建築物を実際に施工することで、本当の意味での建築を学べたと感じています。現地の方々は自分のことを家族のように迎えてくれた。自分にとって第二の故郷です！

ライフメディアチーム
柏原有輝（文学部３年）

一度変わってしまったものをまた元のように戻すのは大変難しいことだと思いますが、元の状態よりもより良い東北に発展していけるよう日本全体で協力し、考えて、ときには立ち止まってもいいから、少しずつ前に向かって一緒に進んでいけたらと思います。

プロデュースチーム
中澤亨（工学部４年）

自分たちの活動は小さなものだけど、これが多くの人に広がって、喜んでもらえたらと思います。今回の震災はさまざまな問題が起こり、まだまだ解決しないこともあるので、自分たちのような若い世代ができることを考えていくことが重要だと思います。今後も後輩たちがこのプロジェクトを継続していくと思うので、何かしらのかたちで手伝いたいです。

ライフメディアチーム
須澤友貴（文学部３年）

「こどもテレビ局」の経験を「いっときの夏休みの思い出話」として終わらせないことです。子どもたちが自分たちの記憶を未来へ届けたいという気持ち、私たちに心を開いて感じていることをぶつけてきてくれたこと、そして子どもたちと一緒に制作した番組を涙を流しながら「ありがとう」と見てくれた地域の方々の思いを、私たちがこれからも伝え続けていくことが大切だと考えています。

ライフメディアチーム
川島英人（文学部２年）

報道などでは伝わらないものを、実際に目と肌で感じました。今回、岩手県大船渡市を訪れて現在の復興の様子などを子どもたちと撮影し、映像として記録に残すことができました。「こどもテレビ局」を１回で終わらせるのではなく、また大船渡を訪れ、復興していく様子を子どもたちと撮影していけたらと思います。

応急住宅・コミュニティケアチーム

米山春香（工学部４年）

支援をしに行ったはずが、逆に元気をもらいました。私は東北の皆さんの笑顔や温かい気持ち、いただいたご飯の味など一生忘れません。また、瓦礫の中で絵を描く子どもたちの姿は今でも鮮明に覚えています。東北の皆さんの前向きな気持ちはきっと日本中を元気にしてくれると思います。私も皆さんからもらった元気を励みに、これからも頑張ります。

応急住宅チーム

秋田彩絵（工学部４年）

震災を受けて、人々の助け合いにとても感動しました。普段は見ず知らずの人でも、助け合うことで絆が深まっていくのはとてもすてきなことだなと思います。

応急住宅チーム

親松直輝（大学院工学研究科２年）

活動が継続されると思うので、私たちが参画した子ども図書室に本を寄贈したり、Facebookなどのソーシャルネットワークを利用して現地の様子を知るなど、メインとなっている方のサポートや支援をしたいと考えています。

応急住宅・コミュニティケアチーム

佐藤由紀（理学部１年）

ヒアリングをして欲しいと言われたものだけを届けるのではなく、現地の方との会話や言葉から本当に意味のあることは何かを考え、現地のニーズに沿うような活動をしていきたいです。笑顔で過ごす、前を向いて過ごすための一助になれればと思います。

応急住宅チーム

桜井寛（工学部４年）

被災地の方々にはとてもつらい年だったと思いますが、この復興支援活動にかかわることができて、自分にとっても特別な年でした。現地の方々には遠く及びませんが、今回の震災は“人ごと”ではないと感じているので、早く復興できる日がくることを心から応援しています。

ライフメディアチーム

中島聖斗（文学部２年）

私たちが支援をしたいと考えているだけでは支援活動とはいえません。被災地の方々が今必要としているものは何か、何をすれば皆さんの生活のためになるのかを考え、これからも息の長い支援活動を続けていきたいと思います。

応急住宅チーム

熊﨑雄大（工学部４年）

４年間勉強してきた知識が本当に実践で役に立つのか疑問に感じていましたが、この震災を経て自分たちの活動が被災地の方々に喜んでもらえたことで、少しですが自分の存在価値を確認できてよかったです。学生が社会に出て活動することは、企業などのように利益を出さなければならない組織にはできない意外な相乗効果を生み出すことができることを学びました。学生は「どんぐりハウス」というハードを作る中で、「つくる」というソフトも被災地に提供していると思います。現地の方も巻き込むことで、ハードによりいっそうの愛着を持ってもらうことができたと思います。これからも、背伸びはせず、押しつけがましくならないように、よりいっそう地域に密着して、被災地が望むものを自分たちの能力の範囲内で提供していきたいです。

人々とふれあい、絆を深める

コルチャックの精神に相通じる大船渡の「こどもテレビ局」

三上　健さん
公益財団法人日本ユニセフ協会
学校事業部副部長

ユニセフ（国際連合児童基金）は「子どもの権利条約」を活動の基本とします。この条約の制定につながる実践を行ったユダヤ人のヤヌス・コルチャックは、第２次世界大戦中のポーランドという困難な状況で医者をしていたときに、診察室で子どもを診察しても社会にはびこる貧困から子どもを守れないとして医者をやめ、孤児院の運営を子どもの自治を重んじる方法で行いました。子どもの議会、子どもによる裁判等を通して、子どもたちの主体性を尊重し、能力を開花させたのです。コルチャックはまた、「子どもは未来ではなく、“今”を生きているのだ、子ども時代が大切なのだ」とも主張しました。

東日本大震災では被害が非常に大きく、広範囲であったために、どういう支援をどういった方法で行ったらよいのか判断に迷う状況でした。そうした中で、東海大学文学部の五嶋正治准教授の指導で、学生の皆さんが大船渡で取り組んだ「夏休みこどもテレビ局プロジェクト」は、コルチャックの活動と相通じるものでした。

それは、被災した子どもたちの事に当たる力を信じ、そして、“今”を目標に置いたことです。子どもを考えるときに、やってあげるとか、子どもには将来があるとかの視点で捉えがちです。そうではなく、子どもが能力を発揮し、子ども時代の“今”を豊かにする視点が大切なのです。大震災のために、子どもたちが学びや遊びなどの機会を失い、疎外感を持ち、心に大きな痛手を持ったまま可能性を伸ばせないで成長したらどうなるだろうかと考えたのがこの活動です。

「こどもテレビ局」の活動を通じて、子どもたちは現実を直視する強さ、人の痛みがわかる気持ち、仲間や社会を大切にする心を育みました。被災した自分の町を見つめ、自分の考えを持ち、そして、それを表現し、共感する心を培いました。東日本大震災はつらい経験です。しかし、被災した子どもたちが現実から目をそらさず、自分の可能性を実感する機会となったのです。

豊かな社会の中で忘れてしまった公民館の原点を示す快挙

谷　和明さん
東京外国語大学留学生日本語教育センター教授
日本公民館学会副会長

東海大学工学部建築学科を中心とした学生たちが津波で被害を受けた集落に公民館を建設するという新聞報道に、震災被害のあまりの大きさや原発問題に対する政府やマスメディアの対応ぶりに暗澹としていた私は、ひと筋の光を見た思いだった。

公民館の役割終焉論・不要論が声高に語られだしてから30年以上経ち、公民館を廃止した自治体も少なくない。そんな中で、おそらく公民館についてあまり知らないだろう学生たちが「3.11生活復興支援プロジェクト」の対象を公民館としたことは、痛快であると同時に驚きでもあった。

なぜ「公民館」を？　その答えを求めて東海大学に連絡した私は、ロハスデザイン大賞のイベントへの出展のことを教えてもらい、初夏の新宿御苑に出かけた。

会場には現地と同型の小さくてユニークな仮設住宅が展示されており、杉本教授や学生たちからプロジェクトについて聞くことができた。特に興味深かったのは、学生たちが数年前から継続して取り組んできた湘南・平塚海岸でのコミュニティ文化活動の経験の延長線上にあること、住民の要望に基づいて「公民館」としたこと、建設を住民と共に行ったこと、今後、他学部の学生たちが支援活動の拠点とする計画のあること、であった。

やがて、学生たちが仮設公民館を作ったのは不思議でないという気がしてきた。公民館のルーツの一つに、今から150年以上前にロンドンの貧困コミュニティにオックスフォード大学の学生たちが作ったセツルメントハウスがある。それは貧困労働者と学生が手を結び、それを通じて労働者層の生活支援、自立支援を促進することを目的としている。今回のプロジェクトは、セツルメントの理念を被災地で再生したものにほかならない。この小さな仮設公民館の実践は、豊かな社会の中で大型施設化した公民館が忘れてしまった原点を示しているようにすら思えるのである。

「3.11生活復興支援プロジェクト」の復興支援活動には、多くの人々との出会いや協力が不可欠だった。
この１年間の活動を通じて出会った４人の方々からメッセージをいただいた。

夢と豊かな心を育む どんぐり子ども図書室

菅井美枝子さん
名取市図書館館長

名取市図書館は、市民から親しまれる図書館、たくさんの子どもがより読書に親しめる図書館を目指し運営を行っておりました。当館はこのたびの震災で津波の被害はなかったものの、建物に甚大な被害を受け、職員は避難所や罹災証明の事務などにも従事したため、片づけもままならない状態でした。震災から１カ月後、北海道石狩市民図書館様などからの支援により復旧を開始、震災の２カ月後には屋外の車庫や書庫・自動車図書館を利用して、臨時開館を行うことができました。10月からは図書館振興財団様から寄贈いただいたプレハブ内にカウンターを設置することができましたが、子どもたちの読書環境は依然屋外のままでした。

このような現状を把握していただいたsaveMLAKプロジェクトリーダーの岡本真様、宮城県図書館の熊谷慎一郎様から東海大学チャレンジセンターの「3.11生活復興支援プロジェクト」をご紹介いただきました。プロジェクトの学生さんたちがすでに被災地支援として大船渡と石巻に建設していた「どんぐりハウス」は、読書の楽しさが体験できる場所にふさわしいもので、ぜひ、名取の子ども図書室にも活用したいと思いました。幸い日本ユニセフ協会様への資金提供要請が受け入れられ、震災復興のシンボル施設とすべく10月中旬から夢の実現に向けてスタートしました。完成した「どんぐり子ども図書室」は、支援する側、される側の需要と供給がうまくマッチングし、実を結んだ建物です。この図書室が、子どもたちの夢と豊かな心を育む場所になるものと確信しております。

１月６日の開館初日は、待ちわびた大勢の親子連れでにぎわいました。寒い冬の時期、木のぬくもりの感じられる暖かい図書室を子どもたちに提供することができ、あらためてご支援いただきましたたくさんの皆さまに、ただただ感謝をしているところです。今後も名取市民や図書館を利用する多くの方々が元気になれるよう、さらに前進していきたいと思っております。

建てて終わりとせず 継続した支援を展開したい

岡本　真さん
saveMLAK
プロジェクトリーダー

saveMLAKプロジェクトは、東日本大震災で被災した博物館・美術館（Museum）、図書館（Library）、文書館（Archives）、公民館（Kominkan）の被災情報を集約・共有するという情報支援、そして各種団体による支援活動をコーディネートする中間支援を行ってきました。基本的には間接支援を行う支援者のネットワークで、メーリングリストに登録している参加者は約300人に及びます。

この活動の一環で取り組んだのが、宮城県名取市の「どんぐり子ども図書室」です。名取市との出会いは2011年５月にさかのぼります。この日、私は自分がかかわる別の支援活動の現地調査の一環として同市を訪れ、図書館に立ち寄りました。津波被害を受けていないものの揺れによって激しく損壊し、使用禁止となった建物がそこにはありました。

以降、東北を訪れるたびに名取市図書館を訪ね、館長や司書の方々と話を重ねる中から、東海大学の「3.11生活復興支援プロジェクト」が提案する「どんぐりハウス」による図書館建設を目指すという構想がうっすらと見えてきました。実現に向けて模索する中、支援活動で共同する関係者の計らいで日本ユニセフ協会を紹介されました。「子どもの支援」に資するものであれば、同協会は建設費を提供する用意があるといい、急ぎ検討を重ねた結果、どんぐりハウスによる名取市図書館どんぐり子ども図書室の建設が決定されたのが2011年11月のことでした。

「図書館をクリスマスプレゼントに」という思いのもと、大勢の方々の並々ならぬ努力でわずか1カ月間で建設を完了したのは、まさにクリスマスの奇跡ではないでしょうか。苦難に満ちた１年を過ごしてきた名取市の方々にとって、新しい図書館がひとときであっても安らぎの場に、そして依然、課題としてある生活の再建を支えるための情報拠点の一つになるよう願っています。その実現のためにも、建てて終わりとせず、このすてきな「箱」をどう使っていくかに向け、saveMLAKとしての支援を継続していきたいです。

支援活動の成果と今後の展望を考える

「3・11生活復興支援プロジェクト」が展開した支援活動を振り返るとともに、被災地における現状や課題、大学が果たす役割と今後の展望などについて考えよう――。

建学祭期間中の11月3日、湘南校舎で「3・11生活復興支援プロジェクトシンポジウム―東日本大震災からの復興と大学の役割」（主催＝東海大学チャレンジセンター、後援＝東海大学同窓会）を開催。学生や教職員のほか、卒業生や地域住民など約100人が来場した。

チャレンジセンターの大塚滋所長（法学部教授）の司会で進行したこの催しには、プロジェクトの活動にご協力をいただいている大船渡市議の平田ミイ子さん、石巻市北上町十三浜小指に本社がある㈲ササキ設計代表取締役の佐々木文彦さんをパネリストとして招待。プロジェクトリーダーの下田奈祐《だいすけ》（工学部4年）、ライフメディアチームリーダーの柏原有輝（文学部3年）のほか、プロジェクトアドバイザーを務める工学部の杉本洋文教授、教養学部の梶井龍太郎教授、文学部の五嶋正治准教授も出席した。

開始にあたり、髙野二郎学長が東日本大震災で被災された方々へのお見舞いを述べた後、学生の安否確認や被災した在学生や入学希望者の学費・諸会費の減免など、東海大学の震災対応について具体的に説明。

「大震災から約8カ月が経ち、総合大学である東海大学がいかに組織的に復興支援を進めていくべきかを実践する時期にきています」と語った。

「1日1個のおにぎりで……」震災直後の体験を紹介

シンポジウムでは、下田と柏原がプロジェクトの活動内容を報告した後、平田さんと佐々木さんが震災直後の様子と被災地の〝今〟を紹介。

ライフメディアチームが8月に大船渡で実施した「夏休みこどもテレビ局プロジェクト」の活動において、宿の手配や子どもたちの送迎など現地での活動全般を快くサポートしていただいた平田さんは、地震発生時には議会の最中だったために自宅に戻ることができず、ろうそくのあかりだけを頼りに役所に泊まった経験を披露。避難所に集まった大勢の人々とともに、数日間は1日1個のおにぎりで過ごしたことなどに触れ、「当時を振り返ると今でも涙が出てきます。それで

佐々木さん

平田さん

も、こどもテレビ局の活動を通じて若い学生さんのパワーをもらい、今後の生活を頑張ろうと思うきっかけになった」と語った。

また、「どんぐりハウス」2棟目を石巻に建築する際に協力を仰いだ佐々木さんは、震災当日は出張中だったために難を逃れたものの、翌日にようやく帰宅すると海から400メートルほどの場所にあった本社は全壊し、25年間にも及ぶ仕事で培った設計図や書類もすべて流されてしまっていたことを紹介。小指地区が含まれる十三浜の相川学区では、280世帯中160世帯が津波で全壊流失、民家避難者を含めると約300人が被災した状況などを写真とともに説明した。

さらに、応急仮設住宅への入居が完了して避難所が閉鎖された現状における〝コミュニティの喪失〟防止への課題、学生たちが建設したどんぐりハウスが、地域住民の憩いの場や子どもたちの図書館としても活用されていること、なども語った。

パネルディスカッションで活動のさらなる発展を誓う

その後、杉本教授、梶井教授、五嶋准教授を加えた計7人によるパネルディスカッションを実施。「一方的な支援では本当の意味での支援とはいえません。現地の方々のニーズに応え、活動を継続していくのが大切だとあらためて感じた」（梶井教授）、「学生たちの活動は、被災地の方々の支えがなければ成り立たなかった」（五嶋准教授）などの意見に対し、平田さんと佐々木さんから、「プロジェクトの活動を通じて、東海大学と地元住民の間には今回の大震災がなかったら生まれなかった絆ができました。大学を卒業した後も、この絆を大切にして活動を継続していただきたい」と感謝と期待の言葉が寄せられた。

また、今後の課題として、「学部や学科の専門を生かしたサポートだけでなく、『被災地のために役立ちたい』といった気持ちを持つ学生を1人でも多く仲間にし、共にプロジェクト活動を継続、発展させていきたい」（下田）、「学生による活動にとどまらず、学内の組織的なつながりを生かし、総合大学ならではの『災害学』を構築していくことが大切なのではないか」（杉本教授）などの意見が出された。

最後に司会の大塚所長が、「被災地と私たちの心のつながりが大事だとあらためて実感しました。点から線へ、そして面へ……。心と心をつなげることで、今後もこのプロジェクト活動を継続・発展させていきたい」とシンポジウムを締めくくった。

Interview
6

東北の資源を生かした復興を手助けしていく

プロジェクトリーダー
下田奈祐《だいすけ》（工学部建築学科4年）

「人の生活の場をつくる」ことに魅力を感じて建築学科で学び、建築の道を歩んできました。東日本大震災を目の当たりにしたとき、まず思ったのは、「学生としてできることには限界があるが、できることでかまわない。今こそ、その使命を果たすべきだ」ということです。

すでにビーチハウス建設のリーダーにつくことが決まっていた私は、その舵を切れる立場にいました。頼れる友人もそばにいる。ほかのメンバーや杉本教授をはじめとした先生方、プロジェクトコーディネーターの職員の方もいる。使命を背負ったような思いでした。

そのように考えた背景には、私の母が非常にボランティア精神の強い人間であるということがあります。母は日ごろから「何か災害が起きたら私が一番に駆けつける」と話しているほどで、「人のために動ける人間になりなさい」と育てられたことが大きかったように思います。

そうして立ち上げたプロジェクトは、総合大学である東海大学として、専門性と独自性を生かした「持続可能な復興支援活動」を目標に掲げました。大学のスケールメリットと、学生だからこそできる支援をしていくことが重要だと考えたからです。

石巻市での「どんぐりハウス」建設に参加

ただ、被災者の方々のニーズを迅速に、正確に把握し、実行に移すためには、多くのアイデアとそれを実現する人手を確保しなくてはなりません。湘南校舎だけでも2万人をこえる東海大学の学生たちの中には、復興支援に関心のある学生はきっと大勢いたはずです。そういう人たちをも

っと巻き込むアイデアや活動を展開できればよかったと感じています。具体的には、活動を開始した4月の時点で建築以外の活動もできていれば、もう少し違った結果が出せていたのではないかと。ライフメディア、コミュニティケア両チームがその後行った、ソフト面を充実させる活動を震災直後から実施できていれば、さらに実りの多い活動になったのではないかと反省しています。

　また、応急住宅チームは工学部建築学科、ライフメディアチームは文学部広報メディア学科というように、チームごとの活動が各学科の学生中心になりすぎた点も、「チーム間の連携」という面で課題が残りました。今後の活動では、より多くの学生に参加してもらうためにも、コミュニケーションと情報共有を強化していく必要があると考えています。

　プロジェクトを通じて学んだのは、復興支援とは復興に直接的に手を出すのではなく、それを促す、あくまで脇役であるということです。外から中身のないハコを持ち込んでも意味がありません。住民の方たちが愛着を持てるものでなければ地域に根ざしてはいきません。実際に東北を訪ね、地域の方たちと会話し、共に作業することでその思いは強くなっていきました。

　残念ながら震災から日が経つにつれ、東北以外の地方では震災は少しずつ「風化」していきます。プロジェクトに参加する学生の意識も同様です。私自身は大学院に進学するので、リーダーは後輩に引き継いでも、少なくともあと2年はプロジェクトにかかわっていきます。その中で、私たちの思いを次の世代に引き継いでいくことが使命になってくると考えています。

　東北の人の温かさ、豊かな自然は本当に魅力的です。豊富な自然と資源を持つ東北地方が復興の歩みの中で、自然と共生しながら「持続可能な社会」を築いていく、その手助けをこれからも続けていきたい。多様な学部学科が集まる東海大学はきっとその役に立てると思います。そのためにも、プロジェクトがそれを実現する原動力となるよう、努力を重ねていかなくてはなりません。

　紆余曲折を経ながらも約1年間活動してきて感じているのは、このプロジェクトは自分一人の力ではとうていできなかったということ。それは心底思います。物理的に建物が作れなかったというだけではなく、自分のアイデアだけでは、これだけのストーリーは生み出せなかった。

　ここまで充実した活動ができたのは、参加してくれた一人ひとりの発想やモチベーションのおかげです。また、アドバイザーの先生方をはじめ、学内外からたくさんの方々に協力いただきました。僕はきっかけをつくっただけ。活動が発展していったのはメンバー全員の力です。あらためて、ありがとうと伝えたいですね。

プロジェクトメンバー

2012年１月末現在

【プロデュースチーム】
チャレンジセンター所長　大塚　滋（法学部法律学科教授）
アドバイザー　梶井龍太郎（教養学部長・同学部芸術学科音楽学課程教授）
アドバイザー　木村英樹（チャレンジセンター次長・工学部電気電子工学科教授）
アドバイザー　五嶋正治（文学部広報メディア学科准教授）
アドバイザー　杉本洋文（工学部建築学科教授）
コーディネーター　深谷浩憲（チャレンジセンター推進室係長）
プロジェクトリーダー　下田奈祐（工学部建築学科４年）
広報リーダー　山内　昇（工学部建築学科４年）
会計責任者　中澤　亨（工学部建築学科４年）

【応急住宅チーム】
相澤貴子（政治経済学部経営学科２年）
秋田彩絵（工学部建築学科４年）
浅見雅士（大学院工学研究科建築学専攻１年）
アルマズヤッド・オスマン（政治経済学部経営学科３年）
井坂美貴（工学部建築学科３年）
石井博雅（工学部建築学科１年）
石塚栄樹（大学院工学研究科建築学専攻１年）
井手美祐紀（大学院工学研究科建築学専攻２年）
伊藤　匠（大学院工学研究科建築学専攻１年）
乾　茂仁（工学部材料科学科３年）
親松直輝（大学院工学研究科建築学専攻２年）
影沢英幸（大学院工学研究科建築学専攻１年）
狩野翔太（工学部建築学科４年）
川崎　智（大学院工学研究科建築学専攻１年）
川崎優太（工学部建築学科４年）
北島　圭（工学部建築学科２年）
熊﨑雄大（工学部建築学科４年）
桜井　寛（工学部建築学科４年）
笹目　宗（工学部建築学科４年）
佐藤由紀（理学部化学科１年）
塩野俊介（工学部建築学科４年）
篠原佑典（大学院工学研究科建築学専攻２年）
下田剛史（工学部電気電子工学科３年）
城田佳穂（文学部広報メディア学科２年）
瀬谷　匠（大学院工学研究科建築学専攻２年）
芹澤泰代（工学部建築学科２年）
田中祐也（工学部建築学科４年）
玉井秀樹（大学院工学研究科建築学専攻１年）
野地祐介（工学部建築学科２年）
野村圭介（大学院総合理工学研究科総合理工学専攻１年）
広瀬貴也（工学部建築学科１年）
堀江亮太（工学部建築学科４年）
宮田いずみ（文学部心理・社会学科３年）
米山春香（工学部建築学科４年）
○渡邉光太郎（工学部建築学科４年）

【ライフメディアチーム】
青木みのり（文学部広報メディア学科１年）
有田菜美優（文学部広報メディア学科１年）
泉　亮輔（文学部広報メディア学科２年）
○柏原有輝（文学部広報メディア学科３年）
春日良太（文学部広報メディア学科１年）
川崎早哉香（文学部広報メディア学科２年）
川島英人（文学部広報メディア学科２年）
北原明日香（文学部広報メディア学科１年）
木村和香奈（文学部広報メディア学科１年）
斎藤昂弥（文学部広報メディア学科１年）
柴田尚人（文学部広報メディア学科２年）
須澤友貴（文学部広報メディア学科３年）
鈴木千遥（文学部広報メディア学科３年）
鈴木友香（文学部広報メディア学科１年）
関口裕也（文学部広報メディア学科１年）
髙橋智也（文学部広報メディア学科３年）
高橋　萌（文学部広報メディア学科１年）
田口瑞輝（文学部広報メディア学科２年）
田中俊行（文学部広報メディア学科３年）
玉木　愛（文学部広報メディア学科１年）
中島聖斗（文学部広報メディア学科２年）
西川詩織（文学部広報メディア学科２年）
松本健太郎（文学部広報メディア学科１年）
村松諒一（文学部広報メディア学科２年）
柳澤優希（文学部広報メディア学科１年）
山崎洸太（文学部広報メディア学科４年）
山田園子（文学部広報メディア学科１年）

【コミュニティケアチーム】
阿川美紀（教養学部人間環境学科社会環境課程４年）
奥村美菜（文学部日本文学科４年）
小野田紗季（教養学部芸術学科音楽学課程４年）
○川崎優太（工学部建築学科４年）
佐藤裕司（政治経済学部政治学科１年）
佐藤由紀（理学部化学科１年）
塩野俊介（工学部建築学科４年）
芹澤泰代（工学部建築学科２年）
高市慎太郎（政治経済学部政治学科４年）
高橋　亮（政治経済学部政治学科１年）
刀祢明洋平（政治経済学部政治学科２年）
中島麻耶（教養学部芸術学科音楽学課程４年）
中武大治朗（工学部航空宇宙学科航空宇宙学専攻４年）
備家悠一郎（文学部文芸創作学科４年）
細川　隼（政治経済学部政治学科４年）
本多研登（大学院工学研究科情報理工学専攻２年）
松ヶ野嵯和子（教養学部芸術学科音楽学課程４年）
皆川将人（文学部日本文学科４年）
宮田いずみ（文学部心理・社会学科３年）
村田幸優（工学部建築学科２年）
米山春香（工学部建築学科４年）

○印は2011年度チームリーダー

第3章

大学の知を復興に生かす

総合大学ならではの多様な学びのフィールドを有する東海大学では、学部や学科をはじめ、医学部付属病院や各センターなどでも積極的な復興支援活動に取り組んできた。長期的な視点で被災地に寄り添い、復興に向けての支援を続けていくためには何が必要か――。大学の知を復興に生かすためのヒントを探る。

座談会

復興・再生のために私たちができること

――教職員・学生の力を被災地に役立てる――

東日本大震災の発生直後から、学生と教職員を中心に活動を展開してきた「3・11生活復興支援プロジェクト」。この活動を長期的な視点で継続・発展させていくためには今後、何が必要になるのか？　建築、ボランティア、漁村、観光の4つのキーワードからそのヒントを探るための座談会を、プロジェクトアドバイザーの杉本教授の司会で実施。杉本教授を含む4人の教員に、震災直後から実施してきた取り組みや復興・再生のための課題、学生や大学全体を巻き込んだ支援活動をいかに展開するのか、語り合ってもらった。

出席者
妻鹿《めが》ふみ子　教授（健康科学部社会福祉学科）
関いずみ　准教授（海洋学部海洋文明学科）
本田量久　准教授（観光学部観光学科）
司会
杉本洋文　教授（工学部建築学科）

各自の専門分野を生かして 被災地の現状を把握

杉本　応急仮設住宅を最初に提案・建設したのは、2004年の新潟県中越地震のときです。「丹沢・足柄まごころハウス」と名づけ、研究室の学生と一緒に現地に行って合計8棟を建てました。その後、この経験を役立てようと、チャレンジセンターの「キャンパスストリートプロジェクト」TCDIチームとして2007年から4年間、湘南・平塚海岸にビーチハウスを建設。そこを拠点にしたイベントなどを行うことで、海の魅力を発信する取り組みを続けてきました。そして11年3月11日に東日本大震災が起き、学生たちと話し合った結果、これまでの活動経験をもとに「3・11生活復興支援プロジェクト」の活動をスタートさせました。大震災を受けて急きょ発足したため、この1年は「応急住宅チーム」「ライフメディアチーム」「コミュニティケアチーム」、それぞれの活動を展開していくだけで精いっぱいでした。しかし3月で東日本大震災から1年を迎えるのを機に、全国にキャンパスが広がる東海大学としての特徴を生かし、さらに多くの学部学科の先生方や学生に参加をしてもらい、これまで以上に広がりのある活動をしていきたいと願っています。そこでまずお聞きしたいのは、皆さんはあの震災以降はどのような活動をしているのでしょうか?

妻鹿　NPO法人日本ボランティアコーディネーター協会の代表理事を務めている関係で、全国に点在するボランティアコーディネーターを被災地の災害ボランティアセンターに派遣する活動にかかわっています。ボランティアコーディネーターとは、「ボランティア活動を行いたい人」と「ボランティアの応援を受けたい人・組織」などをつなぐ専門家です。この活動の一環で津波被害を受けた宮城県亘《わた》理《り》町へ行き、ボランティアが実際にどのような活動をしているのかを見てきました。その経験から、現地のボランティアセンターの活動に協力するスタイルであれば学生たちも比較的容易に参加できると考え、亘理町でのボランティアプロジェクトを健康科学部社会福祉学科内で立ち上げ、6月には学生20人が同町で瓦礫撤去のボランティアをしました。さらに9月には岩手県立大学を中心に結成された「いわてGINGA-NET」プロジェクトに参加。看護学科と社会福祉学科の学生12人が岩手県釜石市と大槌町の応急仮設住宅で、孤立やコミュニケーション不足を防ぐためのサロン活動などを行いました。

関　国や自治体による防災マニュアルの見直しや被災地域の調査、復興計画づくりが少しずつ始まり、そのための委員会への出席や、水産経済関連の方々との研究会で情報を交換し、問題解決のための話し合いなどをしています。私が今できるのは情報を集めることぐらい。「瓦礫を片づける」といった具体的な、目に見える復興支援活動は何もしていませんが、今は自分の専門である漁村をテーマに、その中でできることを精いっぱいしなければならないと感じています。津波の被害を受けた地域は日本の水産業の要のようなところでしたから、今後どのように復旧・再生できるのか関心を持ち続けていきたい。そして、私にできることがあれば積極的にかかわっていきたいと思っています。

本田　私は、「人々がいかに社会的現実を生きているのか」という社会学的な問題関心から、これまでさまざまな事例研究をしてきました。その延長線上で、現在はまちづくりの調査や研究をしています。東日本大震災と復興支援活動に関しては、3人の先生方と異なり、組織的・専門的な活動はしておりませんが、「被災地のために何かできないか」との思いを巡らせながら、研究者ネットワークを通じて被災地の被災状況やボランティア活動に関する情報を収集。その過程でピースボート災害ボランティアセンターの活動を知り、8月中旬に宮城県石巻市でボランティア活動に参加してきました。活動現場では、多くの大学生をはじめとする100人ぐらいのボランティア参加者とともに瓦礫の撤去をしましたが、体力的に厳しい作業でした。炎天下の中、長靴、長ズボン、長袖のシャツ、上下かっぱ、防塵マスク、ゴーグルなどを身にまとうため、大量の水を摂取したにもかかわらず、頭痛などの熱中症の初期症状が現れました。しかし現地の人たちが直面する厳しい境遇を考えると、簡単に倒れることはできません。笑顔を絶やさずに、皆で精いっぱい作業に励みました。瓦礫を撤去しているとき、その中に子どもの弁当箱や靴、家族写真などが見つかり、言葉を失うことも少なくありませんでした。瓦礫は決してゴミではありません。瓦礫は、そこに住んでいた人たちの思い出であり、暮らしそのものが詰まっているということを痛感しました。作業の合間に被災者の方々からいろいろな話を聞かせてもらえたことも、私にとって大きな経験になりました。あるおばあさんは、津波で孫を失った経験を涙を流しながら語ってくれました。今も多くの人たちが癒やし難い悲しい思いに苦しみ続けています。その一方で、ある漁師さんは「1、2年では難しいかもしれないけれど、5年くらい経ったら、また遊びに来てな！」と笑顔で話していましたが、そこに彼らの復興への強い意志を読み取ることができました。私たち研究者は研究の一環で被災地に行くことはあっても、一般の学生や社会人と一緒にこうした地道なボランティア活動を経験する人は多くはないでしょう。自分の視覚、聴覚、嗅覚など、あらゆる感覚をもって現地の様子を体験できたことは、研究者というよりは一人の人間として重要な意味があったと思います。

現場でしか得られないものがある
活動継続には大学の力が必要

杉本　被災地に行くだけが支援ではありませんが、現場でしか得られない体験もたくさんありますね。そういう意味では、教員だけでなく学生も一度は被災地に行ってみるべきだと思います。

本田　石巻で一緒にボランティア活動をした学生に「どうして来たの？」と聞いたところ、その動機がやや曖昧《あいまい》であった人が多かった。私が学生だったころは「ボランティアは特別なこと」という意識がどこかにありましたが、ボランティアに対する今の若者のハードルは低くなっているという印象を受けます。そういう意味で、条件さえそろえばボランティア活動に参加したいと考える学生は多いのではないでしょうか。ただし、大量の情報が錯綜する中、ボランティア活動をするうえで自分が必要とする情報を探すのは容易ではありません。大学が主導して復興支援ボランティア活動を組織化するのは、学生にとってはありがたいことかもしれません。

めが・ふみこ
1958年大阪市生まれ。神戸女学院大学大学院修了。文学修士。専門は地域福祉論、ボランティア論、NPO論。日本ボランティアコーディネーター協会代表理事。主な編著書に『学生のためのボランティア論』など。

妻鹿　自分でボランティアグループを見つけて積極的に参加している学生もいますが、大多数の学生は受け身です。学生たちをその気にさせ、活動を継続させるためには、大学の力がどうしても必要だと思います。各大学にボランティアセンターをはじめとした組織ができているのはそのためでしょう。さらに学生の場合は、経済的な問題や授業時間との兼ね合いもあります。東海大学では被災地や避難所でのボランティア活動について所定の手続きをすれば単位を認定していますが、看護学科や社会福祉学科では実習がありますから、ボランティアのためには1週間が精いっぱい。ある学生が短期ボランティアから戻ってきた後、「支援に行ったはずなのに、逆に被災地の人にお世話になってしまったような気がする」と言ったことがありましたが、1週間ぐらいだと現地の人も学生たちに何をしてもらえばいいのかわからない。現地との信頼関係を築き、組織とつながらなければ、長期にわたる効果的な復興支援は難しいと思います。

「忘れられた被災地」震災の記憶の風化が今後の課題

杉本 日本で被災地ボランティアが本格的に活動したのは阪神・淡路大震災のときだといわれていますが、その結果、新潟県中越地震の際にはボランティアがすぐに現地入りして、組織的に活動を始めることができました。しかし今回の東日本大震災では被災地のエリアが広すぎて、ボランティアが一カ所に集中したり、全く入れなかった場所も発生するなど、

ほんだ・かずひさ
1973年神奈川県生まれ。立教大学大学院社会学研究科博士課程修了。社会学博士。専門は社会学理論など。著書に『「アメリカ民主主義」を問う―人種問題と討議民主主義』など。

ニーズの不一致という問題が起きました。これは、今後の課題となりそうですね。

妻鹿 ボランティアセンターの中でも、すぐに指示系統が整ったところと、そうでないところの時間差が出てしまいました。社会福祉協議会や役所が被災して津波に流されてしまった地域では、地元以外の人間が中心になって活動せざるを得なく、ボランティアのニーズがあって活動人数がそろっていても、なかなか組織化できないところもありました。

関 特に面積が広い岩手県は交通の問題も発生しました。鉄道が津波で破壊され、沿岸の幹線が途絶えてしまうと、どのように移動していいのかわからない。被災地に行きたくても行けない人が多かった。陸の孤島化してしまった場所もたくさんありましたね。

本田 ボランティア・ニーズの不一致という問題もそうですが、観光学部の教員としては風評被害も気になります。震災直後の混乱が一段落した今、観光による震災復興の可能性を考える時期にきていると感じているからです。東北地方の観光地が直面する状況を把握するために、8月上旬に福島県会津若松市、9月上旬には岩手県平泉町を訪れました。東京電力福島第一原子力発電所から約100キロメートルの地点にある会津若松は、幸いにも震災による大きな被害を免れ、放射線量に関しても「健康に影響はない水準」という評価があるにもかかわらず、3月以降、観光客が激減しました。他方、6月に世界遺産に登録された平泉では、前年より観光客が激増しました。「福島＝原発事故」という人々のイメージを払拭するためにも、継続的に正しい情報を発信する戦略が求められるでしょう。

関 風評被害は漁業にとっても大きな問題です。日本でも有数の漁港が点在する東日本大震災の被災地にはフィールドワークの漁村巡りで知り合った人も多く、〝人ごと〟とは思えません。中でも茨城県は「忘れられた被災地」になりつつあるという意味で、特に心を痛めています。津波の被害自体は宮城県や岩手県のほうが甚大です。原発のことを思えば福島がいちばん大変なのはもちろんですが、

せき・いずみ
1963年東京都生まれ。東海大学文学部卒業、法政大学大学院人文科学研究科地理学専攻修了。北海道大学博士（工学）取得。専門は漁村社会学、地域計画。主な編著書に『女性からみる日本の漁業と漁村』（共著）など。

北茨城もかなりの津波被害が出ていて、壊れた港や流された家もたくさんあります。茨城県内の風評被害と実質被害も深刻です。茨城県の風評被害を中心に調査を始めたばかりですが、現地ではマスコミの報道に一喜一憂させられている状況です。

本田　風評被害に加え、震災の記憶の風化も心配です。震災から1カ月後の4月には、多くの学生が「観光による震災復興について考えたい」と口をそろえていたのに、3カ月も経つと「震災は過去のこと」という雰囲気が広がっていきました。ただし、東北地方に対する関心が希薄になっているのは、学生に限ったことではありません。8、9月に東北地方で出会った人たちから「忘れないでほしい」「伝えてほしい」とたびたび言われることがありましたが、関東地方と東北地方の「温度差」に強い違和感を覚えたものです。

妻鹿　それは私も感じます。4、5月は「社会福祉学科の学生を現地に派遣しないなんて……」という空気が教員だけでなく学生の間でも色濃かった。でも日々の生活を送るうちにマスコミの報道もだんだんと少なくなり、周囲も震災の話題をあまりしなくなりました。特に夏休みを過ぎてからはトーンダウンしましたね。

関　海洋学部がある静岡県は近い将来、東海地震の発生が心配されているため、他県と比べて防災意識が高い地域です。東日本大震災の後、私たち教員と学生が一緒になって、清水校舎のある三保地区の地元住民から昔話を聞いたり、校舎周辺の防災ビルに指定されている建物をチェックしたり、できることから取り組んでいます。実は今日は清水校舎で津波を想定した避難訓練があったのですが、学生も真面目に参加していました。こうした意識も数カ月、数年後には薄れてしまうかもしれません。時間的・距離的な隔たりの中で、大震災への関心をどのようにつないでいくか……。来年度以降の大きな課題になると思っています。

杉本　3月11日の大震災はとてもすさまじくショックな出来事ではありましたが、それを日常的な記憶として残していかないと、私たちだけでなく被災地に住む人にとっても、あの記憶はやがて忘れられていくことになると思います。たとえば、日本の防災計画では地震や津波の被害が想定されると、古くから住民に愛され親しまれてきた町並みを刷新して、新しい道路や非常階段、防潮堤などを作る。ですが避難経路が日常生活の一部になっていなければ、非常時にはうまく機能しませんね。ところが復興計画論では、そこに住む人々がどのように暮らしていくのかという点は、あまり議論されることがない。機能優先の復興計画では住民の暮らしの一部にはなりません。記憶を継承しておかなければ、結局は「いざ！」というときに役に立たないのではないでしょうか。

関　海が見えないほどの高さまでそびえる防

潮堤については、賛否両論が出ていますよね。私は、海が見えなくなるのは非常に恐ろしいことだと思っています。難を逃れた漁師さんから話を聞くと、高台にいる人には津波が見えたので海岸近くにいる人に大声で避難を呼びかけたけれど、低いところにいた人は防潮堤で海が隠れていたため、津波の発生状況がよくわからなかったそうです。状況を目で見て判断するのは人として日常的な行為ですから、海が見えない恐怖というのは必ずある。そういうことも考えて、今後の対策を講じていかなければならないと感じています。昔は集落の中から海を眺める場所が必ずあって、日和山や塩見峠といった名前がつけられていました。漁師さんは日常的にその場所に通って天気の移り変わりや漁場などを判断していました。そこは津波のときに安全な場所でもあって、さらには鎮守の森とつながっていたりもします。今は漁村とはいっても、海の民とそうではない人が混住している地域がほとんどです。機械に頼ることが多くなり、その土地に根づいた防災感覚のようなものが薄れてきているのではないでしょうか。そうした状況の中で、津波にあったときの恐怖や昔ながらの知恵を後世にどのように伝えていくのかは、重要な課題だと思っています。

すぎもと・ひろふみ
1952年神奈川県生まれ。東海大学大学院工学研究科修了。一級建築士。専門は建築設計、都市デザイン、まちづくり。「愛・地球博」「平城遷都1300年祭」など、博覧会のプロデュースも数多く手がける。

学内のネットワークを広げて より幅広い復興支援を

杉本　本日お集まりいただいた先生方は、それぞれが専門的な立場から独自の目線や考えを持って多彩な活動をしています。学内にこれだけ面白い先生方がいるのに、互いに知り合い、意見を交換し、協力しないのはもったいない。この座談会を機に3・11生活復興支援プロジェクトの活動についての議論をこれまで以上に活発にして、学部や学科をこえた協力体制を築き、学生同士をマッチングしていく場をつくっていきたいですね。

妻鹿　学部や学科だけでなく、キャンパスをこえた教員同士のつながり、学生のつながりをもっと強固なものにできれば、さらに豊かな活動ができると思いますし、そうしていかなければもったいないと思います。たとえば、社会福祉学科の学生は実習で高齢者への接し方を学んでいます。それをこのプロジェクトに生かすことができれば、どんぐりハウスを利用する地域の人々に福祉的なアプローチができる。学生にとっては実習で学んだことを実践するよい機会にもなります。プロジェクトの活動をベースにして学部や学科をこえたノウハウの共有ができると、やがては〝復興学問〟のようなものが深まっていくのではないでしょうか。

杉本　東海大学には理系から文系まで多彩な専門家がいるのですから、災害に対する学問や研究を進めて、それをどのように今後に生かせるのか――大学全体として「災害学」のような学問を追求していくべきだと私も考えています。その一方で、多くの学生は4年間で卒業してしまいますから、活動や研究をいかに引き継いでいくのかという点も課題です。

関　チャレンジセンターのプロジェクト以外でも、学生が自分なりにテーマを設定して卒業研究などで調査研究をしていくのも一案だと思います。私のゼミの4年生が「茨城の風評被害や生産物の流通について研究したい」と言い出して、茨城新聞を12月までずっとチェックしていました。その学生ができるのはそこまででしたが、今度は福島県出身の3年生が「福島の問題に取り組みたいけれど今はできないから、茨城を研究テーマにしたい」と言って、うまい具合に先輩の研究テーマを引き継いでくれました。理系だと代々続く研究があったりしますが、文系でも長年にわたって続けられる研究があれば、それをゼミや学科、学部の研究テーマの一つにするという継続方法も考えられます。

本田　観光学部は2010年4月に開設されたばかりの新しい学部です。12年度にはようやく1期生が3年生となり、これまで以上に学生の主体性が期待できる授業や研究が可能になります。東北地方は観光資源が豊かで元気なまちも数多くあるので、ゼミ活動などで学生と一緒に現地を訪れ、観光という視点から被災地を活性化していくために必要なことを考えたいです。私個人の感想になりますが、ボランティア活動で石巻に行った際、瓦礫の山を見て絶望的な気持ちというよりは、むしろ人間の可能性を感じました。自然の圧倒的な脅威を前に絶望して、すべてをあきらめるようならば、瓦礫の山はできないはずです。瓦礫の山には、甚大な自然災害にあっても再び立ち上がろうとする人間の強い意志を読み取ることができます。学生たちには、東北地方の人たちが知恵を絞りながら、新たなまちをつくっていこうと尽力する姿を間近で見てほしいです。

杉本　応急住宅チームが大船渡と石巻に建設したどんぐりハウスは現在、公民館や集会所として利用されていますが、希望があれば宿泊することもできるので、ボランティアや研究フィールドの対象にして、交流の機会を増やしていただきたいと思います。2棟とも漁村の近くですから、関先生もぜひ現地に行って漁村研究をしていただけるとよいのですが（笑）。

関　漁業や漁村などに興味を持っている学生を積極的に連れて行きたいですね。私個人としては、水産業、特に漁業は経済効率だけで考えてはいけないと感じています。マイナスの部分は直していく必要があるとは思いますが、旧態依然としてやってきたからこそ、何百年もかけて漁業を続けられる環境を保ってきたともいえます。コンサルティングなどで報告書を作成する際、「漁業生産量が落ち込んでいる」「高齢化が進んでいる」と問題点ばかりを書いてきたのですが、20年近く経って振り返ってみると、その間に消滅した漁村はありません。震災前の岩手県沿岸部には限界集落さえありませんでした。そう考えると、日本の漁業は斜陽産業ではないのです。一般的なイメージとは違う漁業本来の姿を、私たちは現地で見て、知るべきだと思います。そこで漁業の真の姿を知り、評価をされていい側面を大事にしながら、日本の水産業をいかに再現・再生できるか――。これは今後、他地域での水産業の存続にも大きく影響することです。それに、若い人が行くと地元の人が元気になる。周囲の人に元気を与えられるのは若い人の特権です。学生にはそういう自分をどんどん活用してほしいし、現地の人に活用されてほしいとも思います。

杉本　東日本大震災は不幸な出来事ではありますが、まちづくり、人づくりのチャンスと前向きに考え、これを機会に新たなつながりをつくっていくことが求められています。皆さんの話を聞いてとても希望が持てました。3・11生活復興支援プロジェクトについて考えれば、支援活動を継続すること、震災を記憶し続けることも含めて、私たちがどんぐりハウスに通うことをどれだけ日常化できるかが、これまで以上に大切になります。毎日は難しいとしても、1カ月に1回でも、2カ月に1回でも、行き続けることが重要なのだと思います。12年1月には、プロジェクトが建設全体に対して企画・構想を担当した「名取市図書館どんぐり子ども図書室」も完成し、東北地方のベースキャンプが大船渡、石巻、名取と3カ所に増えました。さらに今後の活動によってベースキャンプは増えると思いますが、皆さんにはぜひこの地域を研究・教育活動の場にしていただき、プロジェクトを発展させるとともに、被災地の復興を一緒に考えていきたいと願っています。

Column

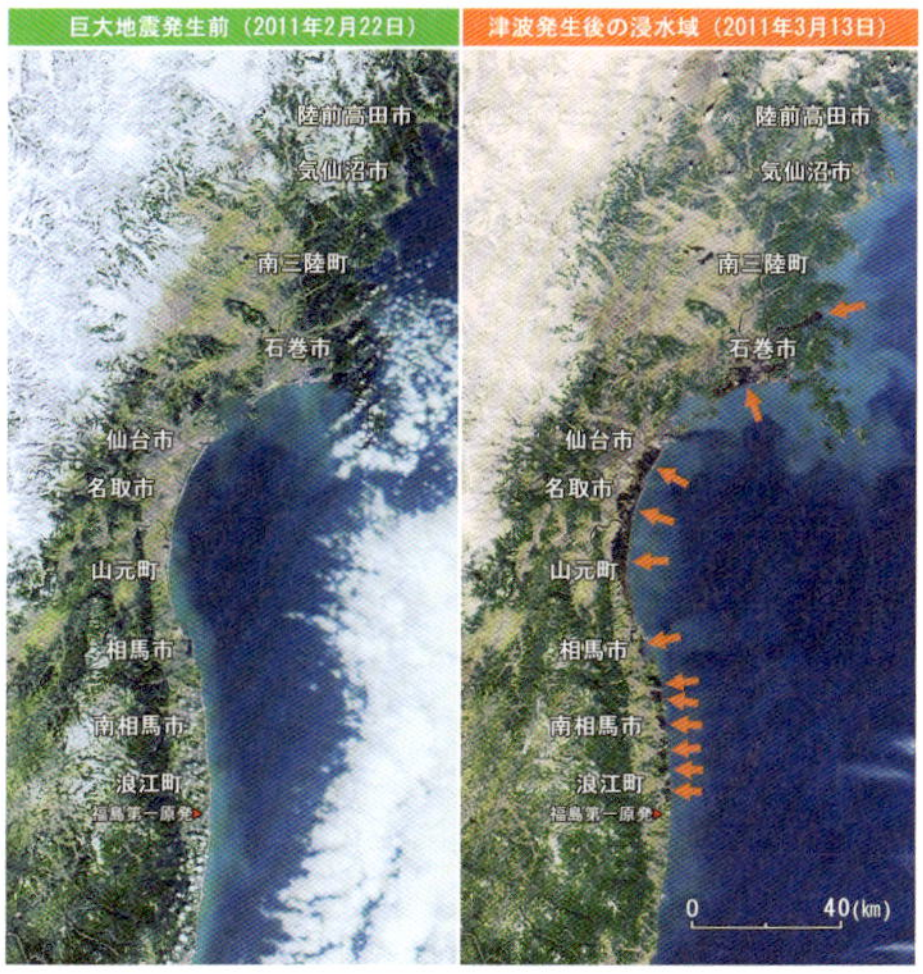

3月11日の大地震発生前と津波発生後の衛星画像。海岸線で黒くなっているところ（矢印の先）が津波による浸水域
画像処理：東海大学情報技術センター
ⓒTRIC/TSIC/NASA MODIS Support Team

市民らを対象にセミナーや公開講座を開催

日ごろの教育研究活動を復興や今後の防災対策に役立ててもらおうと、東海大学の各機関では、大学関係者だけでなく市民らを対象にしたセミナーなどを積極的に企画・実施している。

2011年6月10日には渋谷区富ヶ谷にある東海大学情報技術センター（TRIC）で、特別セミナー「地球観測衛星画像・東日本大震災―次の災害に備えて―」を開催。9日から実施したパネル展示と合わせ、約100人の研究者や周辺住民、隣接する代々木校舎、付属望星高校の教職員らが来場した。

TRIC主催の特別セミナーは、宇宙航空研究開発機構（JAXA）など国内外から提供された震災前後の東日本太平洋側の衛星データを画像処理し、地勢の変化や被害状況などを写真と超高精細4K映像システム（ハイビジョン映像の4倍に相当する映像処理モジュール）で公開したもの。

TRICは開設から約40年にわたり、衛星データなどを用いた総合的な地球観測に携わってきた。災害調査や原子力施設の調査研究も20年以上に及んでいる。東日本大震災においても発生後からいち早くデータを入手し、今後の災害軽減に有用な画像情報へと処理を施してきた。

当日は主幹コーディネーターの坂田俊文教授とJAXA衛星利用推進センターの滝口太室長が衛星画像をもとに講演。目に見えない赤外線やマイクロ波などを解析処理することで、有用な画像情報が得られることを説明した。

また、12月17日には工学部主催の公開講座「震災・防災」を湘南校舎で開催。8月に刊行された『東海大学紀要　工学部　震災・防災特集号別冊』に掲載された研究成果を紹介し、東日本大震災の教訓を生かして今後に役立ててもらおうと企画したもの。土木工学科の山本吉道教授と原子力工学科の大江俊昭教授による講演のほか、教員5人によるパネルディスカッションを実施。市民や教職員ら約80人が熱心に耳を傾けた。

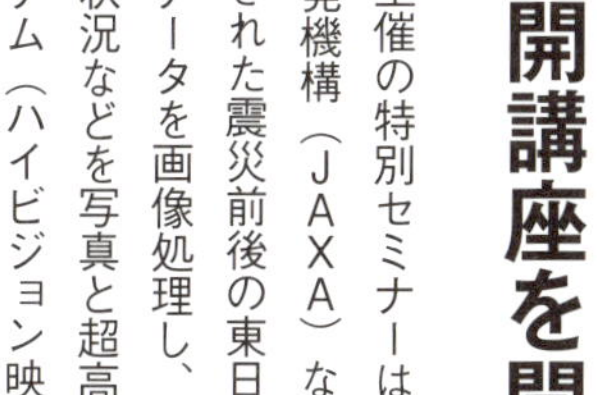

TRIC主催の特別セミナーであいさつをする松前義昭所長（学校法人東海大学副理事長）

東日本大震災に向き合い、東海大学医学部付属病院は2つの医療活動を行いました。

1つ目は、災害発生後48時間の急性期に活動できる機動性を持つDMAT（災害派遣医療チーム）の派遣です。神奈川県西部の災害拠点病院に指定されている当病院では、震災発生当日の3月11日、神奈川県医療救護本部から要請を受け、すぐに「東海大学DMATチーム」を編成。翌日から19日まで、県内の他医療機関から派遣されてくるDMATの統括と、東京国際空港（羽田）を拠点に被災地から広域搬送されてくる重症者の応急処置や治療の優先度を決めるトリアージにあたりました。

2つ目は、被災地への長期的な医療支援として災害医療チームを派遣したことです。3月18日に宮城県知事から文部科学省を経由して要請を受け、当病院ではただちに派遣を決定。医学部付属4病院から志願者を募り、医師、看護師、事務担当者、薬剤師などからなる「東海大学医療チーム」を編成し、3月27日から5月2日にかけて、石巻赤十字病院を主な拠点に1チーム3泊4日ずつのリレー方式で継続的な医療支援を実施しました。

約1カ月半にわたる医療支援に従事したのは、延べ329人（うちDMATは53人）。このように長期間にわたる大規模な活動は、4つの付属病院を有し、多くの優秀な医療スタッフが働いている本学医学部だからこそできたと自負しております。

災害拠点病院の役割を考える機会に

東海大学医学部付属病院
猪口貞樹 病院長

今回の大震災では、医療関係者による被災地支援にはある一定の成果が得られたと思いますが、一方で、日本の災害医療全体にとっては多くの課題が浮き彫りになりました。たとえば、これまでは災害時の医療支援として救急救命が中心に考えられてきましたが、罹災後しばらくして高齢者を中心に肺炎などの感染症が増え、被災地では高血圧や糖尿病などの投薬治療も多く求められました。中期・慢性期の医療支援の必要性は、高齢化が進む日本の、いつ、どこで災害が起こっても直面する問題です。しかしながら現行の災害対策基本法では、中長期にわたって組織的に活動できる医療機関は日本赤十字社と国立病院機構以外はなく、当病院のように他の医療機関のほとんどはボランティアで活動しているのが現状です。

また、被害が広域に及んだため、傷病者を被災地以外に迅速に搬送するための指揮系統や支援物資の輸送などが混乱をきたしました。その解決策として、組織的に動くことのできる緊急時の体制づくりや、機動力のあるドクターヘリや防災ヘリを活用することが、今後さらに求められると思います。

今回の医療支援で蓄積した貴重な経験知を、今後はシンポジウムや報告書作成などを通じて、病院関係者全員で共有したいと考えています。

いのくち・さだき
慶應義塾大学医学部卒業。博士（医学）。東海大学医学部教授。東海大学医学部付属病院高度救急救命センター長。専門分野は救急医学、外科学、外傷・熱傷。

多くの教育・研究機関と同様に、東海大学でも大学の知を生かした取り組みが積極的に進められている。数多くある活動の中から３つを紹介する。

人々の暮らしを守るための地震予知

東海大学海洋研究所　地震予知研究センター長
長尾年恭 教授

地震予知研究センターが位置する静岡県は、30年以上前からいつ大地震が起きてもおかしくないといわれているのにもかかわらず、地震予知に取り組む研究機関はありませんでした。

そこで、地震予知研究の可能性を少しでも高めようと1995年に設立されたのが本センターです。地震の発生そのものは防ぐことができませんが、いつ起こるかがわかれば被害を最小限に食い止めることができます。そのため、地震予知は重要な研究課題なのです。

しかし、現在の地震予知をめぐる状況は非常に厳しいところにあります。地震に関する国家予算の9割以上が、すでに起きた地震についての基礎研究や設置した地震計の保守点検費用などに使われており、真の意味での予知研究への予算は極めてわずかなのが実情です。

地震予知は「いつ」「どこで」「どのくらいの」地震が起きるかがわからなければ予知とはいえません。「どこで」「どのくらいの」地震が起きるだろうという予測はできても、「いつ」というのが難しいのです。

また、「いつ」がわかっても、それをどう周知させるか——人材補強を含めたインフラ整備や情報発信するための法整備などを含めた行政の仕組みから変える必要があります。

本センターでは、この「いつ」を解明するため、地震が起こる前に地下で何が起きているかを、電磁気的な手法や地震活動度のゆらぎを調べることによって明らかにする研究を進めています。

現在は東海地方を中心に電磁気の常時観測点を10カ所ほど設け、地震の前兆現象の捕捉を試みています。さらに、天気予報の地震版ともいえる「地下天気図」という地震予知に関する情報発信サービスができないかを模索している段階です。

本センターではこのほかにも、地震が発生する前に、どうして電磁現象が起こるのかといった地震電磁現象の発現メカニズム解明のための室内実験や、地域との連携による防災意識の向上を目的とした講演会などの啓発活動も積極的に行っています。地震に関する人々の意識を聞き取る調査では、地震雲など科学的根拠のないうわさがどういうふうに広まるのかを、社会科学的視点から研究しています。

また、大学周辺は下宿生活を送る学生が多いため、家具の倒壊防止の目的で賃貸住宅の天井や壁に穴を開けても敷金が返金されるよう、静岡県に条例化を働きかけるといった活動も行っています。このように地震予知だけでなく、研究を通じた地域社会との結びつきを深める幅広い活動も重要だと考えています。

ながお・としやす
東京大学大学院理学系研究科博士課程修了。理学博士。東海大学海洋研究所教授。専門は地震電磁気学、固体地球物理学。著書に『地震予知研究の新展開』（近未来社）など。

東京電力福島第一原子力発電所の事故を受け、原子力工学科では新学期が始まってすぐの4月8日、湘南校舎で学生や教職員を対象にした説明会を開催。事故の現状などを解説するとともに、キャンパス内の放射線量の測定データや水道水のサンプル測定値などを提示し、「不正確な報道に惑わされることなく、落ち着いて日常生活を送ってほしい」と呼びかけました。以前から測定してきたキャンパス内の放射線量については、学科ホームページなどを通じてそのデータを公表。このほか、近隣の平塚市や秦野市などの求めに応じて市民らを対象にしたセミナーや講演会に教員が講師として出席するなど、数々の活動を展開してきました。

慣れない専門用語や単位などに戸惑う学生や市民に、私たち専門家の視点から、原発事故の全体像や現状について可能な限りわかりやすく伝えることが必要だと感じているからです。

今回の原発事故は周辺住民の生活に大きな打撃を与え、原発の是非に関する議論も活発化しています。しかし、事故の後処理は継続中だということを忘れてはいけません。さらに今後、日本全体で原発をなくす動きが出たとしても、廃炉にするためには何十年という月日と多くの専門家が必要です。だからこそ、原発の残した数々の問題を解決するための専門知識を持った人材を育てていくことが、教育機関には求められています。「原子力=危ない」ということを単なる印象ではなく、知識として知ったうえでそれを皆に伝える専門家は、世界全体においてもこれまで以上に必要になると思います。

原発事故の課題を解決する人材を育成

工学部原子力工学科主任
大江俊昭 教授

東海大学は１９５６年に日本初の原子力工学分野の学科として工学部応用理学科原子力専攻を開設し、以降、半世紀に及ぶ原子力教育を継続してきました。しかし「原子力教育の歴史がある」という自負だけでは、諸問題解決に際して何の役にも立ちません。

原発事故の直後もそうでしたが、今後どのような問題や課題が出てくるのかは、残念ながら専門家にもはっきりとはわからないのが現実です。そこで求められるのは、大学で習った専門知識をベースに、応用力を生かして問題解決のための何らかの提案ができる人材です。本学科ではここ数年、原子力関連の企業に勤務している卒業生を招き、日ごろの業務内容や大学で学んでおいたほうがいいことなどを学生たちにアドバイスしてもらっています。身近な先輩の話を聞くことで将来の仕事をより具体的にイメージし、そのためには学生時代に何を学べばいいのかを考えてほしいからです。未来を担う学生たちには受け身で知識を得るだけでなく、自分で学ぶ姿勢を大切にしてほしい——そのための手助けを、今後も続けていきたいと考えています。

おおえ・としあき
慶應義塾大学大学院工学研究科応用化学専攻修了。1986年に東京大学から工学博士。専門は廃棄物環境科学、廃棄物処分。著書に『放射化分析の実際』など。

東日本大震災　東海大学の復興支援活動

学園に広がる支援の輪

今、私たちができることを——

２０１１年３月11日、未曽有の大地震が東北から関東までの広範囲を襲った。東北地方太平洋沖地震とそれに伴う大津波は、およそ１万６千人の死者を出し、約３３００人（２０１２年２月21日現在・警察庁などまとめ）を数える行方不明者の捜索は、発生後10カ月を過ぎても続く。こうした被災者の力になろうと東海大学学園でも、学生、生徒、教職員らが「今、私たちができることを」と、さまざまなかたちでの復興支援活動を展開した。『東海大学新聞』11年４月１日号から12年２月１日号までに掲載された主な取り組みを紹介する。

東海大学医学部付属病院・医療チーム

被災者の応急処置に尽力
石巻市などで治療活動も

東海大学医学部付属病院では東日本大震災発生直後から、「東海大学DMATチーム」を出動させ、東京国際空港（羽田）を拠点に被災者の応急処置などにあたった。厚生労働省医政局の要請に基づき神奈川DMATの一員として参加したもの。DMATは専門的な訓練を受けた医師・看護師などからなり、災害発生直後から活動できる機動性を備えた災害派遣医療チーム。東海大学では１チームを医師２人、看護師２人、事務担当者１人で構成し、計３チームが参加。３月12日から19日にかけて羽田に派遣され、宮城県や福島県などから広域搬送される被災者の応急処置などにあたった。

その後も宮城県から依頼を受け、医師・看護師・事務・薬剤師ら４人から６人の「東海大学医療チーム」を派遣するなど、支援を継続。３月27日から５月２日まで、延べ276人が医療活動に従事し、前半は石巻市蛇田地区で活動。後半は牡鹿半島に活動の場を移し、13もの小規模な避難所が点在する地区を担当した。余震に加え、地盤沈下や防潮堤の崩壊で満潮時には道路が冠水し往来できないといった状況の中、治療や診療を続けてきた。

▼**3月11日**　午後2時46分、宮城県牡鹿半島の東南東沖１３０キロの海底を震源として東北地方太平洋沖地震が発生。日本における観測史上最大の規模、マグニチュード９・０を記録。それに伴い大津波が発生し、東北地方と関東地方の太平洋沿岸部に壊滅的な被害をもたらした。

▼**3月13日**　清水校舎に災害が発生した場合に備え、学生が自主的に組織した折戸学生会「災害対策・救援委員会」が静岡市清水区内で募金活動を開始。その後も北海道から九州までの東海大学各校舎、短期大学、付属諸学校で学生、生徒や教職員らによる募金活動が展開される。

▼**3月17日**　医学部と健康科学部のある伊勢原校舎に「東海大学伊勢原被災者義援金プロジェクト」が発足。募金活動や被災地への衣料品提供などの活動を実施。学生ボランティアの派遣なども検討。

▼**3月20日～31日**　東海大学からアメリカのシラキュース大学、カナダのブリティッシュ・コロンビア大学に留学中の学生が現地で募金活動。

▼**3月25日、26日、4月2日**　アメリカ・ホノルルにあるハワイ東海インターナショナルカレッジで「被災地域救済チャリティーフリーマーケット」を開催。教職員や同校に留学中の東海大生らが協力した。

▼**3月**　山形高校のソフトボール部が、かねてから交流のあった宮城県石巻市の石巻好文館高校に支援物資を送る。山形高では気仙沼市図書館にも辞書類を送り、被災した高校生らに配布された。

湘南校舎男子バスケットボール部

被災地にエールを送る！ チャリティーマッチを開催

バスケットボールを通じて、被災地にエールを送ろう――。男子バスケットボール部が4月30日、湘南校舎総合体育館で「東日本大震災支援SEAGULLSチャリティーマッチ」を開催した。全国各地のJBL（日本バスケットボールリーグ）とJBL2（同2部機構）に所属する卒業生22人が駆けつけ、現役学生と対戦。試合後には募金活動も行い、集まった47万1445円を日本赤十字社を通じて寄付した。

「サッカー日本代表のチャリティーマッチを見て、私たちにもできることがあるのではと思ったことが開催のきっかけでした。大学各部署への説明や会場設営、卒業生への呼びかけなど、マネジャーを中心に学生たちが一生懸命準備してくれた」と陸川章監督（体育学部准教授）。日本代表の経験もある竹内譲次選手（2006年度卒・日立サンロッカーズ）は、「小さな力も集まれば大きな力になる。協力できることは何でもしたいと思った」と言う。当日は約800人の観客が詰めかけた。「自分たちにできることを一つずつ気持ちを込めて取り組んでいきたい」と三浦洋平主将（体育学部4年）。選手たちの熱いプレーが、何度も会場を沸かせていた。

付属浦安高校

ボランティアや街頭募金を実施 建学祭ではアートで地域活性化を

付属浦安高校では、硬式野球部の選手たちが4月上旬に、浦安市の災害ボランティアセンターの活動に参加した。被災地でもある同校のグラウンドは液状化の被害を受けており、上下水道も止まるなど練習ができない状況だった。「少しでも元の浦安に戻す手伝いができれば」と、地震による液状化現象で噴出した大量の砂の中、高齢者の住宅に水のペットボトルを届けて回った。このほか、浦安市社会福祉協議会と連携して街頭募金も実施。約30人が参加した。

また、10月29、30日の建学祭では、東日本大震災で被害を受けた地元の人たちと仲間を元気づけたいと、2.7メートル×5.4メートルの“巨大折り鶴アート”の制作にも挑戦。2年生全員で折り鶴を作り、絆をテーマにした巨大アートで、手塚治虫のマンガ『火の鳥』をモチーフにし、版権を持つ手塚プロダクションからも快諾を得た。約4万羽の折り鶴で人と人との絆を表現した。建学祭当日には来場者にも協力を呼びかけ、折り鶴を作ってもらい見事に完成した。

なお、この折り鶴アートは、建学祭に訪れた浦安市社会福祉協議会の担当者から、「より多くの人に見てもらえる場所に展示を」と依頼を受け、浦安市総合体育館に寄贈。12月23日に生徒たちの手で設置された。

▼4月　東日本大震災に伴う東京電力の計画停電の影響などで課外活動が自粛されていた湘南校舎でも、学生による募金活動が始まる。チャレンジセンターの学生運営スタッフ、同校舎で活動する部活動団体「望星会」などが校舎内で募金への協力を呼びかけ。

▼4月5日　菅生高校の卒業生が持ち寄った段ボール6箱分の参考書や問題集を宮城県気仙沼市に寄付。

▼4月8日　工学部原子力工学科が、福島第一原子力発電所の事故とその影響に関する説明会を湘南校舎で開催。

▼4月9日、23日　札幌校舎で活動するチャレンジセンターの「福祉除雪プロジェクト」がJR北海道札幌駅などで募金活動を実施。

▼4月11日　福岡短期大学の音楽クラブが学内でチャリティーコンサートを開き、収益を寄付。

▼4月29日　菅生高校の吹奏楽部が復興支援コンサートをアミュー立川で開く。

▼4月30日　付属相模高校の吹奏楽部が、三浦学苑高校と合同チャリティーコンサートをグリーンホール相模大野で開催。

▼6月5日　アメリカンフットボール部が東北大学との交流試合を通じて、復興支援に向けたエールを送る。試合に先立ち湘南校舎で、

山形高校

石巻市で支援活動
小さな支援を未来につなげたい

被災地に近い山形高校では、生徒有志が継続して復興支援ボランティアに取り組んできた。7月2日と8月20日には、宮城県石巻市の渡波地区などで被災地支援のボランティア活動を実施。生徒会が呼びかけ、山形県社会福祉協議会などが主催する「山形ボランティア隊」に協力するかたちで実施したもので、2日間で延べ29人が参加した。

8月20日の活動では、一般の市民とともに津波で大きな被害を受けたまま放置されているアパートの清掃活動や、道路脇の排水路にたまった泥をかき出す作業に取り組んだ。

続いて10月8日から11月26日の期間中の週末を利用して計5回のボランティア活動を行い、延べ227人の生徒と教員が参加。瓦礫を撤去した跡地の草刈りや側溝の清掃、支援物資の運搬などを手伝った。生徒たちは、「草刈りの最中に年賀状やさまざまな生活物資が出てきたことに驚き、津波の怖さをあらためて感じました」「作業をどれだけ続けても終わりが見えないけれど、それでも必死にやらなければならないと思った。私たちの小さな支援を未来につなげていきたい」と語っていた。

健康科学部看護学科・社会福祉学科

宮城県亘理町でボランティア
泥の中から「思い出」掘り起こす

健康科学部社会福祉学科の学生有志20人が6月25、26日に、東日本大震災の被災地・宮城県亘理《わたり》町で災害ボランティア活動に臨んだ。同町はイチゴが特産の田園地帯だったが、津波で町全体の47%が浸水する大きな被害を受けている。この活動は亘理町でボランティアコーディネーターを務めた同学科の妻鹿ふみ子教授から、授業で現地の様子を聞いたことがきっかけ。妻鹿教授が同町ボランティアセンターと交渉、受け入れの快諾を得た。亘理町では、撤去された家の跡地で泥に埋もれた瓦礫を撤去。学生たちは泥の中からビニールや木材を運び出し、靴や人形、名前の入ったノートなど住人の思い出の品を黙々と掘り起こした。

学生たちは7月5日に伊勢原校舎で、「亘理町災害ボランティア報告会」を実施。「被災者の温かい気遣いに感動した」「長期的な支援が必要」などの声が相次いだ。

また、9月14日から20日まで、同学部の看護学科と社会福祉学科の学生12人が岩手県内で被災者支援活動に取り組んだ。岩手県立大学を中心に結成された「いわてGINGA-NET」プロジェクトに参加したもの。主に釜石市の応急仮設住宅での支援に取り組んだ。

東北地方の復興に向けた応援メッセージを募集して横断幕を作成。

▼6月25日　第42回海外研修航海に参加した学生たちが代々木公園で開かれたフリーマーケットに参加し、売り上げを義援金として被災地に送る。

▼6月29日　チャレンジセンターの「Music Art Project」が湘南校舎でチャリティーコンサートを開催。会場内で募金活動も行った。

▼6月30日　東海大学とタイ・モンクット王ラカバン工科大学が、バンコク市内でシンポジウム「大震災後の日本と大学の役割」を開催した。

▼7月2日、3日　付属第三高校の建学祭で、実行委員会の生徒が募金活動。ボランティアサークル「インターアクトクラブ」もそば粉のクレープを販売し、収益を寄付した。

▼7月10日　湘南校舎の文化系サークル27団体が所属する「文化部連合会」が、小田急線東海大学前駅で復興支援イベント「なにかし大祭」を開催。飲食物の販売やライブパフォーマンスなどで復興支援を呼びかける。

▼7月16日　札幌校舎で吹奏楽部が恒例のラベンダーコンサートを開催。東日本大震災のチャリティーコンサートと位置づけ、募金活動を行った。

体育学部スポーツ・レジャーマネジメント学科

「えがお咲かせ隊」を結成し 衣類250点を被災地に

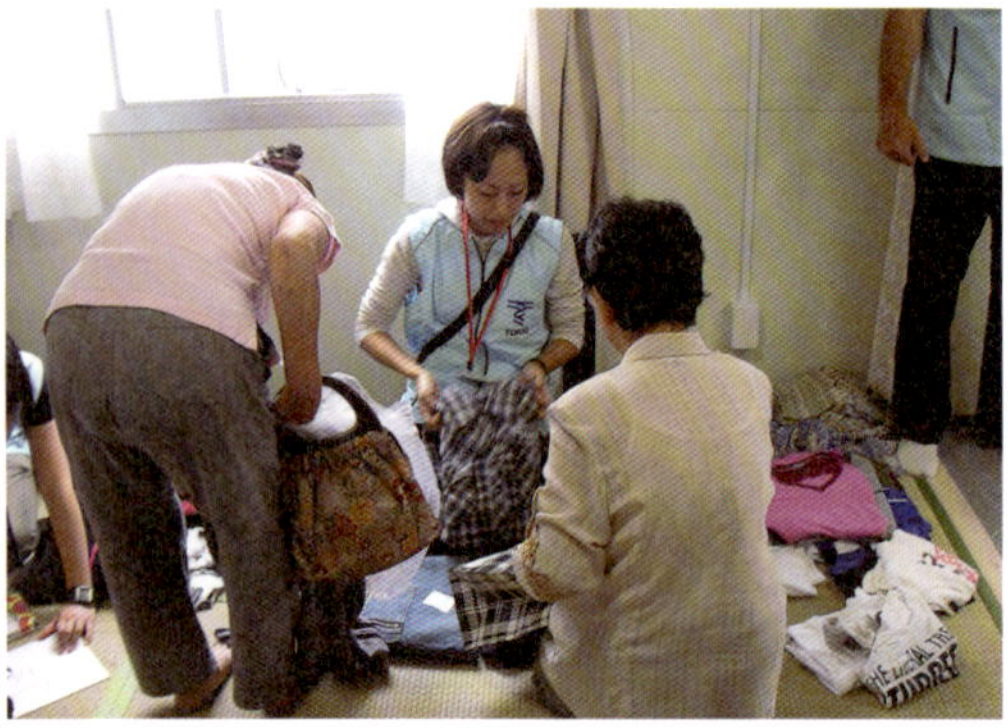

体育学部スポーツ・レジャーマネジメント学科の教員と学生有志らで結成した「東海大学えがお咲かせ隊」が８月25日、宮城県女川町でボランティア活動を実施した。

同学科の萩裕美子教授が知人から、被災地に送る衣類集めの依頼を受けたことがきっかけ。７月から学科内で協力を呼びかけ、Ｔシャツやジャージーなど約250点を集めた。衣類は当初、岩手県の中学校に届ける予定だったが、受け入れ側の条件が合わず断念。学生たちは、「皆が協力してくれた思いを被災地に届けたい」と独自に受け入れ先を探した。その際、情報提供などで協力を得たボランティア団体から紹介を受け、女川町内の仮設住宅に受け入れ先が決定。学生、大学院生15人と教員ら計20人で現地入りし、衣類の配布を行った。

メンバーの金森涼さん（4年）は、「衣類を受け取りに来られた方は高齢者が多く、用意した物資とニーズが合わないなどの反省点もありました。でも、そういった声を直接聞けたことが大きな経験です」と振り返る。竹本理沙さん（同）は、「さらに支援の輪を広げていきたい」と話していた。

付属第三高校

福島の子どもたちと交流会 100人をこえる生徒が協力

付属第三高校（茅野市）の生徒会が８月20日と27日、福島県の子どもたちとの交流会を同高で開催した。両日とも生徒会本部役員や運動部・文化部の有志が参加し、小中学生や保護者ら約200人と交流した。この催しは、東海大学と交流協定を締結している茅野市から「市内を訪れている福島在住の子どもたちとの交流会を企画してほしい」と依頼を受けて実施したもの。

同市では今年７月から８月にかけて、福島第一原子力発電所事故などの影響を受け、屋外で遊ぶことができない福島県内の子どもたちを招待し、市内の観光施設などで遊ぶキャンプを開催。第三高での交流会は、その一環として企画された。

生徒会役員の呼びかけに、100人をこえる生徒が協力。各クラスや部活動ごとに、幼児向けの絵本の読み聞かせや校庭でのサッカー大会などを実施した。中心となって準備をした生徒会副会長の長巾《ながはば》知可さん（３年）は、「震災直後から募金活動を行うなど、学校全体で被災地を支援したいという意識が高かった。今回も全校生徒に提案したところ、子どもたちの助けになるならと、夏休み中にもかかわらず多くの生徒が参加してくれた」と話していた。

▼**7月17日**　体育学部スポーツ・レジャーマネジメント学科の栗原毅教授のゼミに所属する学生が、湘南校舎で行われたラクロス部のイベントでスムージーを販売。収益金を石巻スポーツ振興サポートセンターに寄付した。

▼**7月19日～22日**　旭川校舎の硬式野球部が、同校舎で「東日本大震災写真展」を開催。ＮＰＯ法人アジアチャイルドサポートから提供された写真37点を展示した。

▼**8月14日**　付属翔洋高校と同中等部の卒業生が東日本大震災復興チャリティーとして「スペシャルコンサート」を開催。翔洋高の前身である第一高校出身の落語家・春風亭昇太氏も出演した。

▼**8月23日～25日**　付属翔洋高校吹奏楽部と同校卒業生有志が、宮城県気仙沼市、亘理町、福島県二本松市でコンサートを開く。

▼**11月1日～3日**　高輪校舎の建学祭で港区高輪地区総合支所と「防災フォーラム」を共催。東北地方の物産販売や被災地の写真パネル展示を実施した。

▼**11月1日～3日**　阿蘇校舎の建学祭「数《す》鹿《が》流《る》祭」で、チャレンジセンター「あにまるれすきゅープロジェクト」が、被災地の犬や猫を救う募金活動を実施。

▼**11月1日～4日**　湘

情報通信学部の学生グループ

オリジナル商品を開発・販売 1個につき100円を浦安市へ

東海大学の学生たちによる支援活動は、11月に各校舎で開催された学園祭「建学祭」でもさまざまなかたちで行われた。中でも、付属浦安高校出身で、情報通信学部経営システム工学科3年生の5人による「M's children」の活動は特徴的だ。

彼らが開発したオリジナル商品「執事なカッター」は、コロコロクリーナーのシートを、簡単にきれいに切り取れるというもの。1個480円で販売し、1個につき100円を東日本大震災で液状化などの被害を受けた浦安市へ寄付する活動を展開している。

10月29日に浦安高、11月3日には高輪校舎の建学祭で販売。インターネットでの通信販売やフリーマーケットへの出店も積極的に行っている。「母校のある浦安市に何か恩返しができないかと考えました」とリーダーの秋山慶彦さん。「以前から母が、コロコロクリーナーの紙が切りにくいと話していたのを思い出し、調べたところ、同じように感じている人が何万人といた。これは商品化する価値があると思いました」と言う。学生たちは、「浦安市役所で、復興には300億円もの費用が足りないと聞きました。目標は20万円の寄付と小さな力ですが、少しでも支援できるように活動していきたい」と話している。

情報理工学部

大船渡市のどんぐりハウスで 小学生向けに工作教室

情報理工学部の学生9人が8月27日、岩手県大船渡市三陸町越喜来《おきらい》泊《とまり》地区の応急公民館「どんぐりハウス」で、小学生向けの工作教室を開催した。「被災地の子どもたちを元気づけるボランティアのイベントを企画しよう」と情報理工学部の中下俊夫学部長と浅川毅准教授が呼びかけ、学生有志で取り組んだもの。

学生たちは4月初めから準備をスタート。LEDランプがマイコン制御で7色に変化するイルミネーションを作るイベントを立案し、オリジナルの工作キットも制作。短時間で安全に作れるようにと、できる限り部品数を減らすなどの工夫を凝らした。

当日は近隣の小学校に通う児童14人と保護者が参加。部品の扱い方やはんだゴテの使い方を、浅川准教授と学生に教わりながら工作に挑戦。LEDランプの光が変化していく様子を見て歓声を上げたり、大切そうにポケットにしまう姿が見られた。

鈴木健朗さん(4年)は、「子どもたちが笑顔で接してくれて、私たちも一緒に楽しむことができました。また機会があれば、同様のイベントをやってみたい」と話していた。

南校舎の建学祭で学生会が、福島県の食材を使用した豚汁販売と募金活動を実施した。

▼11月3日　高輪校舎で講演会「世界の戦場から、日本の戦場へ『3・11取材現場の最前線』～地震、津波、原発事故の真実～『情報』は、正しく、人々に伝えられたのか?」を開催。写真家でジャーナリストの桃井和馬氏とフォトジャーナリストの豊田直巳氏が現地取材について語った。

▼11月5日　東海大学副学長の山下泰裕教授(体育学部)と井上康生講師(同)が、宮城県石巻市で「石巻少年柔道教室」を開催。山下教授と井上講師による柔道の稽古や義援金と支援物資の寄付などを行った。

▼11月30日～12月4日　静岡地区にある付属幼稚園、付属小学校、付属翔洋高校中等部、付属翔洋高校、短期大学部の学生、生徒らの美術作品を一般公開する「第12回静岡地区合同美術展」を開催。東日本大震災からの復興を願って共同制作した希望のシンボル「スマイルツリー」を展示した。

▼11月　芸術工学部の中尾紀行准教授が3月11日に岩手、宮城、福島の3県で生まれた子どもたちに贈る〝希望の『君の椅子』〟をデザイン。

▼12月3日　湘南校舎の水泳部が東日本大震災の復興支援をテーマにしたチャリティーイベント「第7回スイムフェスティバル2011」を開催。

森林資源を活用した復興支援の意義

杉本洋文 教授（工学部建築学科）

新たな国づくりに自然資源を活用

2011年3月11日に発生した東日本大震災によって、日本は都市防災やエネルギーなど、社会の安心・安全に対する弱点が露呈した。

かつて、日本は多くの災害や戦災に見舞われながらも、何度も力強く復興してきた。特に戦災復興においては豊かな漁場と海洋資源に恵まれていたことで、漁業によってすぐに食料を確保することができ、商売ができ、経済も発展した。収穫時期を待たなければならない農業だけでは、早期の戦災復興は実現できなかっただろう。しかし今回は、その恵みの海によって甚大な被害がもたらされてしまった。

一方、日本の森林は戦後の拡大造林によって、国内で消費される量に匹敵する木材が毎年成育し、豊かな森林資源を保有している。「森は海の恋人」といわれるように、環境循環の視点から両者はとても深い関係にある。東北は森林が豊富で林業が盛んな地域なので、今回の大震災にあたっては、内陸部の豊かな森林資源や木材関連産業を活用して、沿岸部の被災地に対する復旧・復興を支えるべきだと考える。

我が国は、これまで地球環境の負荷軽減のために二酸化炭素の削減目標を掲げ、さまざまな取り組みを行ってきた。しかしその削減目標の達成が難しい状況であったところに、大震災が発生したことによって私たちの価値観は大きく変化し、自然資源を活用する社会へ転換する機運が高まっている。21世紀の産業構造は、工業化社会を背景とした「高温高圧」産業から、自然資源を活用した「低温低圧」産業へ移行すべきである。さらに都市は「木造の復権」によって「都市木造」を増やし、二酸化炭素を貯蔵する「第2の森づくり」を推進して国づくりの新たな活力を見いだすべきだと考える。

豊かな森林資源と低自給率

日本は、国土に占める森林の割合が北欧のフィンランドに続き世界第2位で、豊かな森林資源に恵まれた森林国家である。しかし日本の森林は、急峻な地形にもかかわらず拡大造林によって適地以外にも多量に植林され、安価に木材を流通させる環境が整っていない。その結果、輸入材比率が高く国産材は3割にとどまっていて、先進国の中で最も自給率が低い。世界から膨大なエネルギーとコストをかけて輸入しており、ウッドマイレージ（木材の量と木材の産地と消費地までの輸送距離を乗じたもの）やバーチャルウオーター（食料を輸入している国において、その輸入食料を生産するとしたらどの程度の水が必要かを推定したもの）などの問題を解決することによって環境負荷の削減を図らなければならない。

大震災を機に国内の森林に目を向け、木材流通における川上の森林・林業から、川中の製材業・大工・工務店、そして川下の生活者に至るまで、流通の流れを抜本的に見直し、各分野の問題を明らかにして、再生へ向けて林野庁、経済産業省、国土交通省の三省庁の枠をこえ、多様な知恵を結集させて、森林・林業を総合的にマネジメントする体制づくりが求められている。

国内各地で「地産地消」による木造建築の整備が急務であり、そうした運動を加速させる絶好の機会でもあるのだ。

木造建築の不遇時代をこえて

日本は社会の大きな転換期が3回あったにもかかわらず、木造建築の継続的な発展をしてこなかった。最初は明治維新の開国時である。欧米の建築様式が持ち込まれ、それまで長い時間をかけて発展してきた伝統木造の技術は、寺社仏閣や住宅だけに集約されてしまう。そして新たな社会に対応する公共施設には、近代産業による鉄・コンクリート・ガラスといった工業製品が使われ、欧米のレンガ造や洋風木造が主流となった。

2度目は関東大震災時で、伝統木造の建築は崩壊し、さらに都市内の火災を発生させた。しかし、公共施設などの洋風小屋組みの耐震性能が優れていたので、その後、再建された多くの建物は和風意匠でも洋風小屋組みが取り入れられ、急速に拡大・普及する。そして、都市を中心に耐震や耐火性能に優れたS造（鉄骨構造）やRC造（鉄筋コンクリート構造）などの建築物が増加した。

3度目は戦災時で、木造建築が都市火災を拡大させたために防災都市の構築が求められた。1940年代に入ると建築学会による木造建築を排除する宣言が行われた。その後、防火・準防火地域内での木造建築物や木質材料の使用が著しく制限を受ける法制度が確立し、木質材料は耐火構造や不燃材料から排除されて、一気に非木造化が進展した。

このように木造建築は伝統構法が継続的に発展することなく、現代までその技術が継承されず、同時に国内の森林・林業の産業力も衰退してしまった。

日本の木造建築が復活するのは、80年代の日米貿易摩擦による木材輸入圧力によってである。そして、2×4工法の準耐火建築の3階建て集合住宅が法改正を待たずに建設された。

さらに欧米の先進の木造技術が導入されると、大規模木造建築が実現した。その代償としてこの構法による木造住宅が普及し、伝統構法が徐々に減少した。90年代は外材輸入の拡大が国内林業の衰退を招き、森林保全と木材活用のために地方から地域材を活用した木造の公共施設の建設が増加し、木造に関連する研究開発も盛んになる。

2000年代は建築基準法の改正が行われ、木造建築の設計力も高まり、建設数が増えたが、残念ながら国産材の需要拡大には結びついていない。10年代に入ると豊富な森林ストックを活用して、森林保全と国内産の自給率向上と森林・林業の再生を目標に、国交省と林野庁が手を組み、公共施設から民間施設までの低層建築の木造化と土木分野の需要拡大を目指した法律が施行された。こうして現在、ようやく木材利用の本格的な拡大時期を迎えようとしている。

環境共生の木造都市へ

国は、これまで都市防災の向上のために都市建築の非木造化を強く推進してきた。一般的に、木造建築は耐火性・耐久性が低いとされてきた。しかし近年は科学的研究が進み、木材研究や技術開発によって、適正な条件を満たせばハードとソフトを融合することによって非木造と遜色ない性能を確保できるようになってきた。

日本は工業化社会を邁進し、都市の安全・安心を高めるため、建築を鉄・コンクリート・ガラスを多用して整備してきた。しかし、新たな木造技術を駆使して「都市木造」を増やすことができれば、21世紀の環境共生都市モデル「木造都市」も視野に入ってくる。

東北の復興を木造建築で

東北は豊富な森林資源を有しているが、森林地域は大きな被災を免れている。衰退してきている森林・林業の再生と被災地の生活復興を組み合わせ、さらに、山の手の町が海の手の町を支援する仕組みをつくるべきである。

そこで震災後、すぐにプロジェクトを立ち上げ、被災地の生活復興のためには応急住宅建築システムを提案し、建設ボランティアに取り組まなければならないと考えた。しかし大型の合板工場は海岸部に立地していたために大きな被災を受け、生産ができなくなっていた。合板が手に入らないことがわかり、金物などの資材不足、大工などの施工者不足なども予測できた。これまでの経験を生かして森林資源の間伐材を利用し、加工技術を簡素化した、新たな仮設建築システムを検討することが必要になった。

我々が開発した「どんぐりハウス」は、すでに実績のある小径木の間伐材を活用した「ウッドブロック構法」に着目し、さらに、今回の条件に合わせて短時間に開発を進め、恒久建築にも対応できる再生可能な仮設建築システムである。当初、東北が混乱状態だったため、知り合いの岐阜県の業者から木材確保と加工指導の協力を得ながら、学生と一緒に開発していった。

プロジェクトでは「応急仮設住宅」を提案してきたが、建設場所が見つからない状況の中から公民館が流失したとの情報が入り、建設が依頼された。それがきっかけで仮設公共施設の支援活動に取り組むことになった。そして、岩手県大船渡市の仮設公民館や宮城県石巻市の仮設集会所をいずれも9坪で建設。さらに日本ユニセフ協会の寄付により、宮城県名取市の「名取市図書館どんぐり子ども図書室」を約50坪で建設することができた。また、どんぐりハウスのノウハウを活用した支援プロジェクトを盛岡市が立ち上げ、各地に木造の公共施設を建設する活動につながった。応急仮設住宅という当初の目標とは異なったが、これにより多くの被災者の方々の役に立つ機会が得られるプロジェクトに発展できたと思う。さらに新たな依頼も増えているので準備を進めている。予想以上に社会的な反響が大きく、多くの方々から支持され、多大な応援をいただき、被災地の方々とともにその成果を共有することができた。

今後も被災地には、柔軟な対応による支援活動の継続が求められている。私たちのどんぐりハウスは小さな活動ではあるが、日本の森林資源を活用した社会を構築する方向性を示し、可能性を「見える化」できたのではないかと考える。この活動が、東北の森林資源を「地産地消」する復興まちづくりの一助となれば幸いである。

どんぐりハウスの建築概要

ウッドブロック

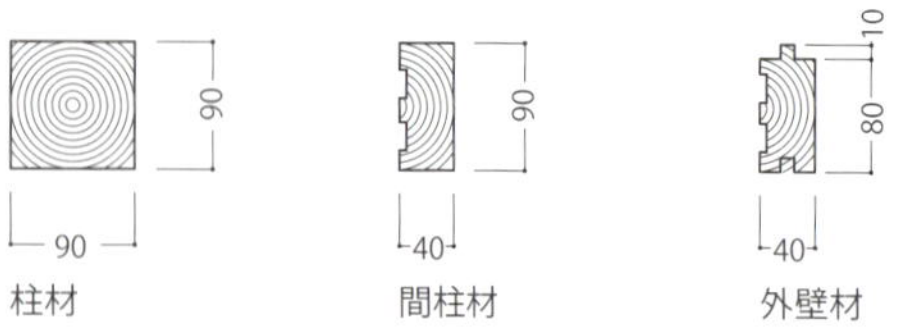

図1　ウッドブロック部材

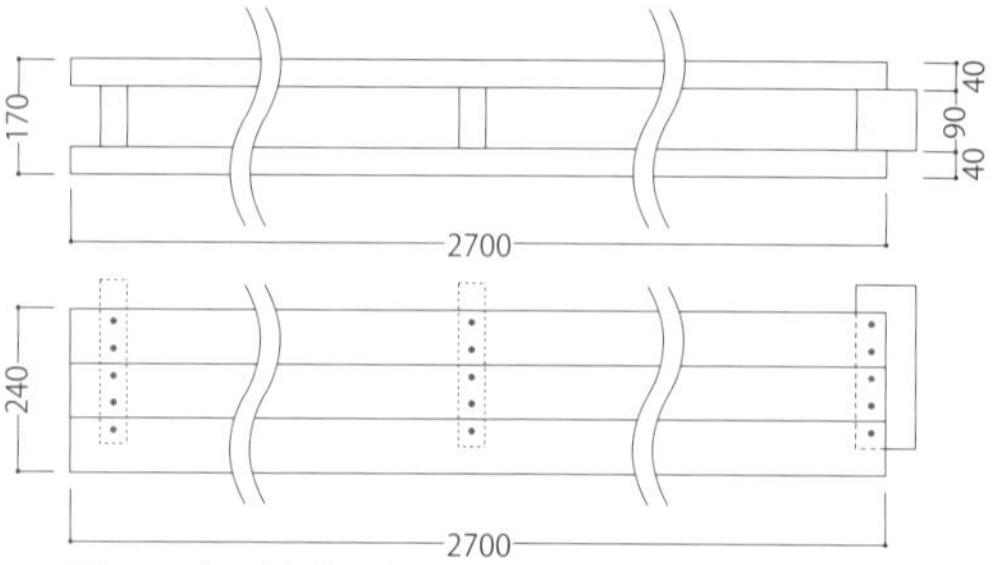

図2　ウッドブロック

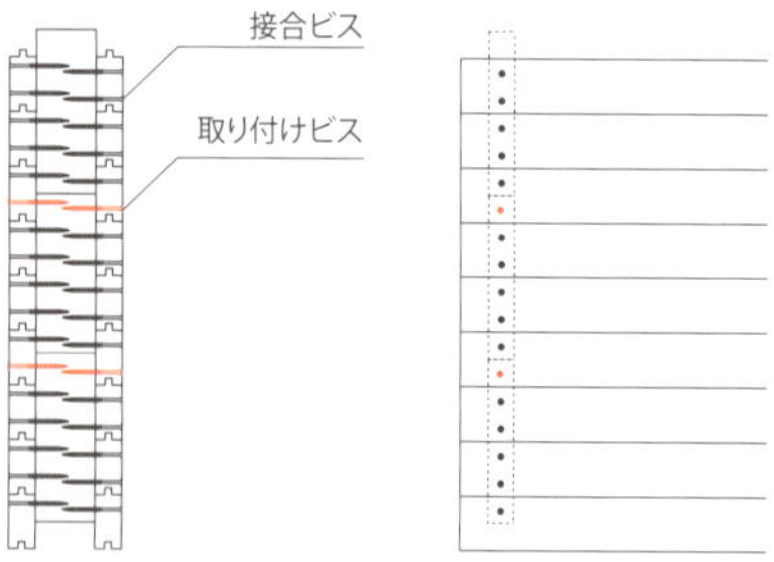

図3　ウッドブロック組立図

【建築計画】

この建築システムは国産の間伐材に注目して、主に杉・ヒノキ材で計画した。応急住宅は建設できる規模・予算・仕様などの基準が国で定められているので、規模を約9坪以下で計画した。平屋建ての片流れ屋根で、太陽光パネルとロフト空間を確保している。建築用途は住宅を基本としているが、ボランティアセンター、公民館など、多種多様な用途に活用できるように可変性のあるオープンプランとしている。応急建築システムであるが、東日本大震災の経験からエコシステムを備えた環境にやさしい設備システムを導入、新たなライフスタイルが実現できる建築としている。

【構造計画】

◆ウッドブロック構法

建築物設計にあたって、ウッドブロック構法を開発した。この構法は、規格材である90mm×90mm断面、長さを3mの角材を基本としている。90mm×90mm断面を柱材として、規格材を分割した40mm×90mm断面を間柱材として、さらにこの材に本実加工した材を外壁材とした3種類の材で成り立っている(図1参照)。外壁材を3つ縦方向に重ね、それらで長さ240mmの柱材と間柱材を挟み、長さ90mmのビスで両側から留め、1つのウッドブロックとしている(図2参照)。厚さは170mm（中空部を含む)であり、幅は240mmである。

ウッドブロックの重量は長さ2700mmであれば20kg程度であり、人力で運搬、組み立てが可能である。床、壁、屋根面に、ウッドブロックを積み重ねるように組み立て、面材として構成された構造体となっている。また、ウッドブロックにおける外壁材は構造体であるが、内壁側と外壁側の仕上げ材とも考えられる。外壁側の外壁材は雨などにより含水率が増え繊維と直交方向に膨張し、内壁側では暖房器具等で逆に収縮して、ウッドブロックが変形してしまう可能性がある。しかし、本構法では外壁材に本実加工を施しており、この変形は緩和されると考えられる。

◆設計手法

構造設計は、木造軸組工法住宅の許容応力度設計(2008年度版)を用いて設計した。当該建築物は、ウッドブロックが重なり形成されている。ウッドブロック同士は図3のように90mmのビスで接合されており、壁同士や壁と屋根の接合方法としてP6×200mmの接合ビス(パネリード)を、外壁側から直交するウッドブロックの柱材に向かって打ち込んでいる。そのため、ウッドブロックは十分に高い剛性を持っている。

◆再利用可能な架構システム

当該建築物におけるウッドブロック構法は、応急住宅には十分すぎるほどの性能を持つといえる。しかし、施工時には200以上あるウッドブロックを積み重ねなければならないなど、施工方法を含めて改良の必要がある。今回建設した「どんぐりハウス」は、応急建築として基礎に木杭を使用しているが、この基礎をべた基礎や布基礎などに変更すれば恒久的に使用する本格的な復興住宅建築とすることができる。

【設備計画】

震災による津波・原子力災害によって、エネルギーの問題が明らかになった。そこで、こうした課題を解決するために、大学の設備系の研究室に協力を依頼して、どんぐりハウスには、環境にやさしく、持続可能で、自立型の設備システムを取り入れている。電気のエネルギー源は太陽光発電システムで、鉛電池の蓄電装置を設置、照明はLEDを採用するなどの省エネルギー化を図っている。また、トイレはバイオ分解式トイレ(バイオミカレット)を採用。人間の体内に散在する微生物の力でし尿を分解するシステムで、水やくみ取りを必要とせず、太陽光発電で可動させている。このほかにも、雑排水の自然浄化システムや雨水利用システムなどを必要に応じて設置できるように準備した。

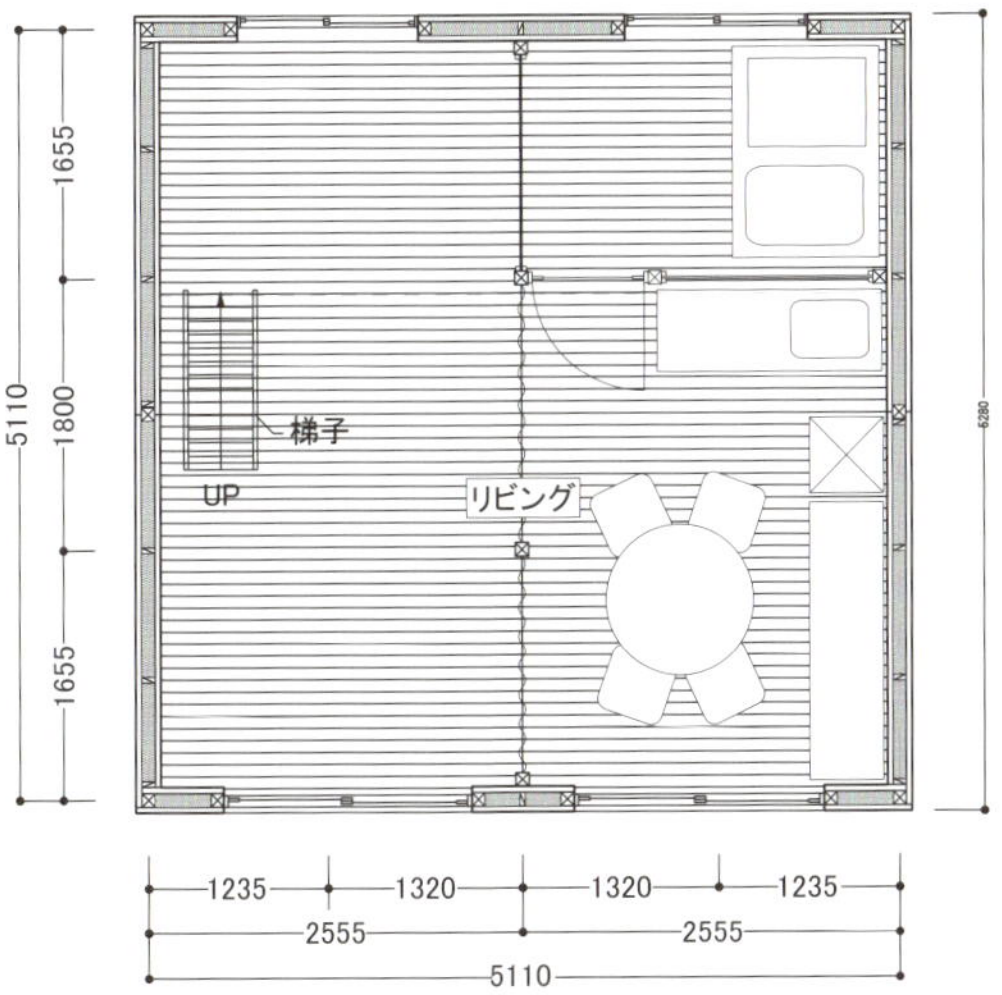

1F 平面図　縮尺 1/100

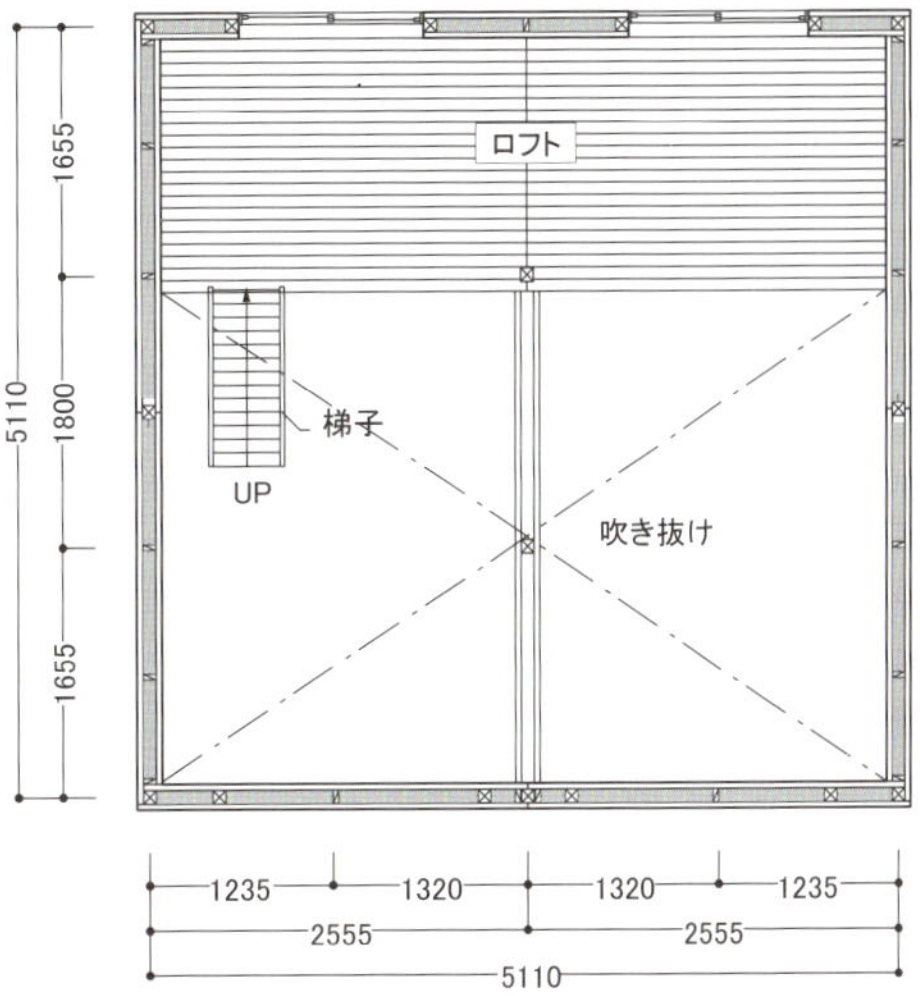

2MF 平面図　縮尺 1/100

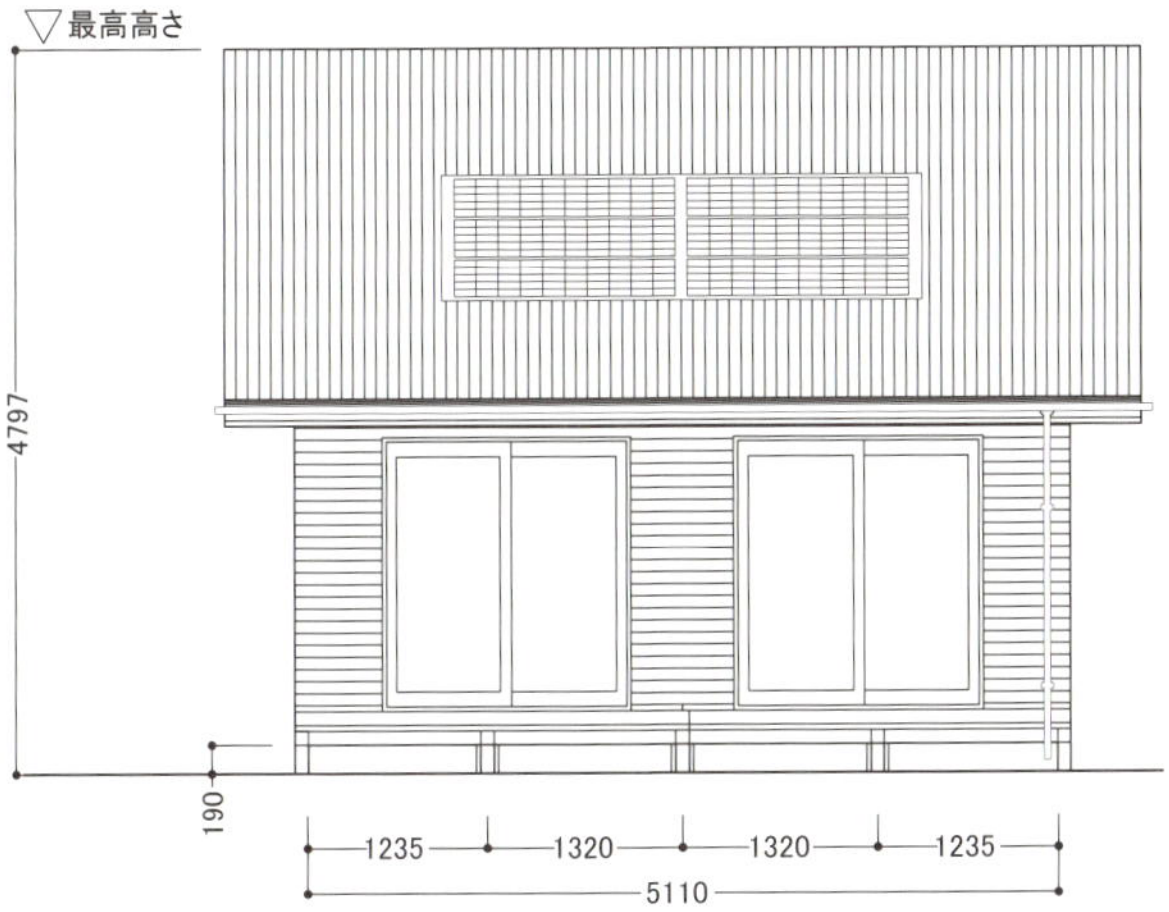

南側立面図　縮尺 1/100

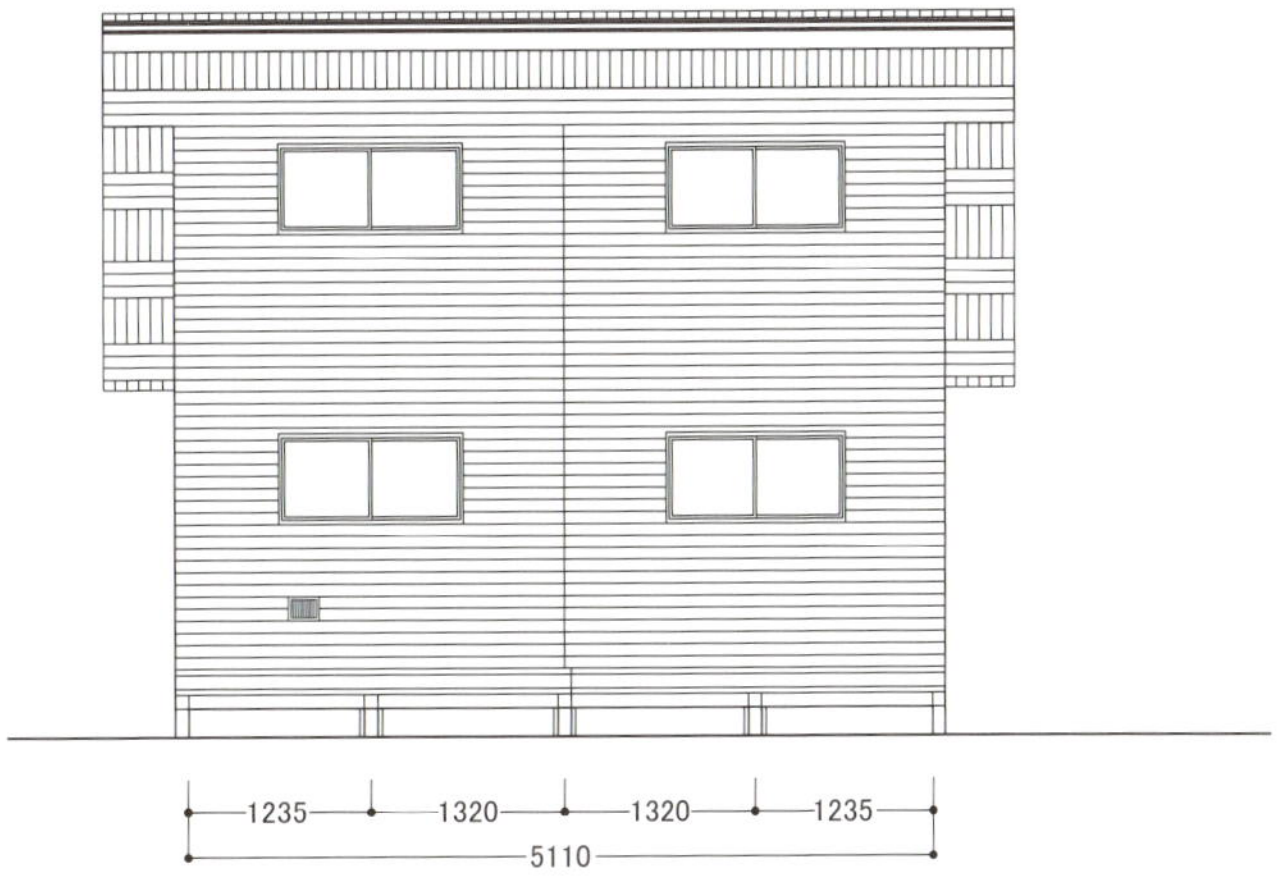

北側立面図　縮尺 1/100

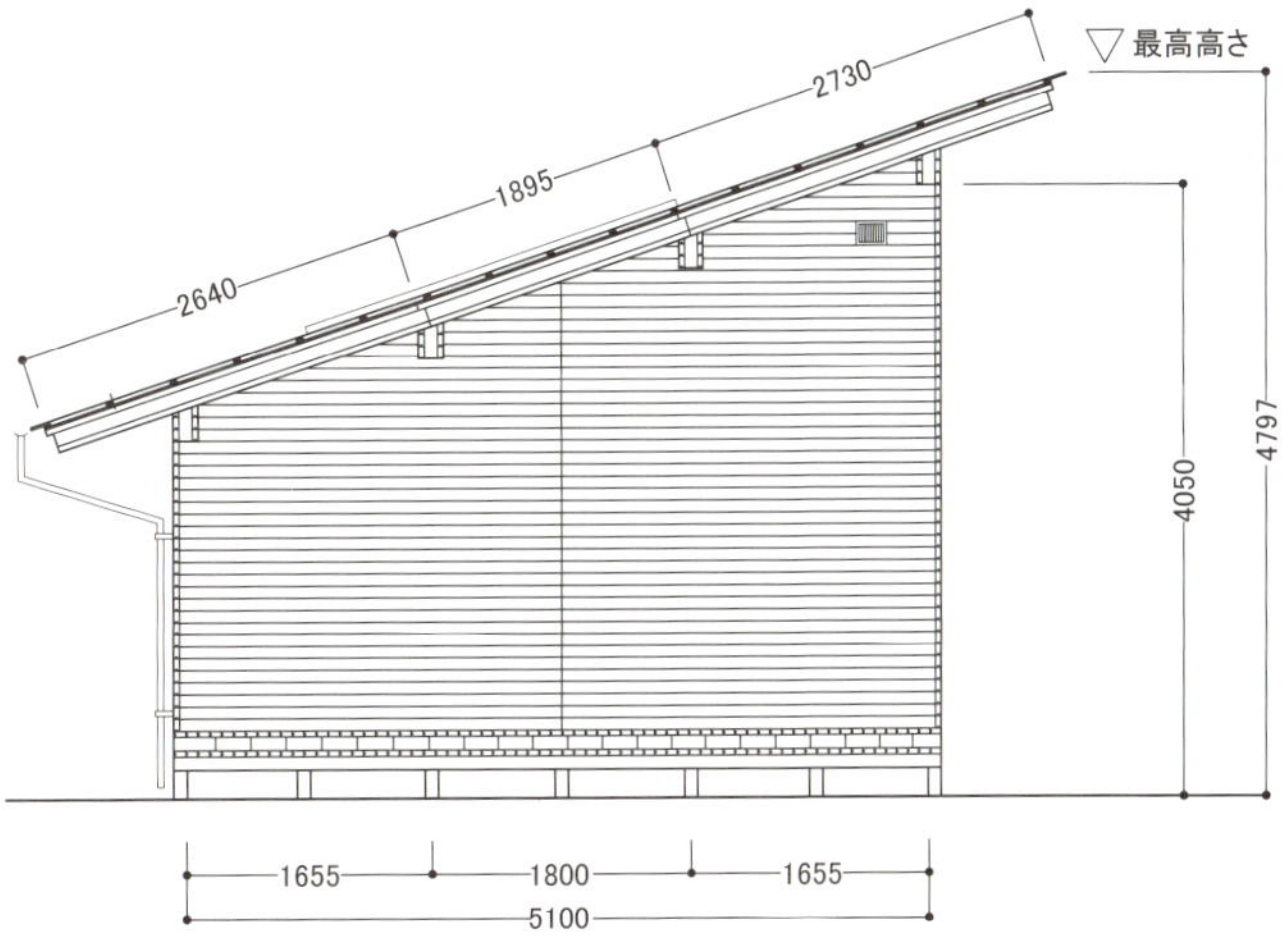

東側立面図　縮尺 1/100

どんぐりハウスの建築概要

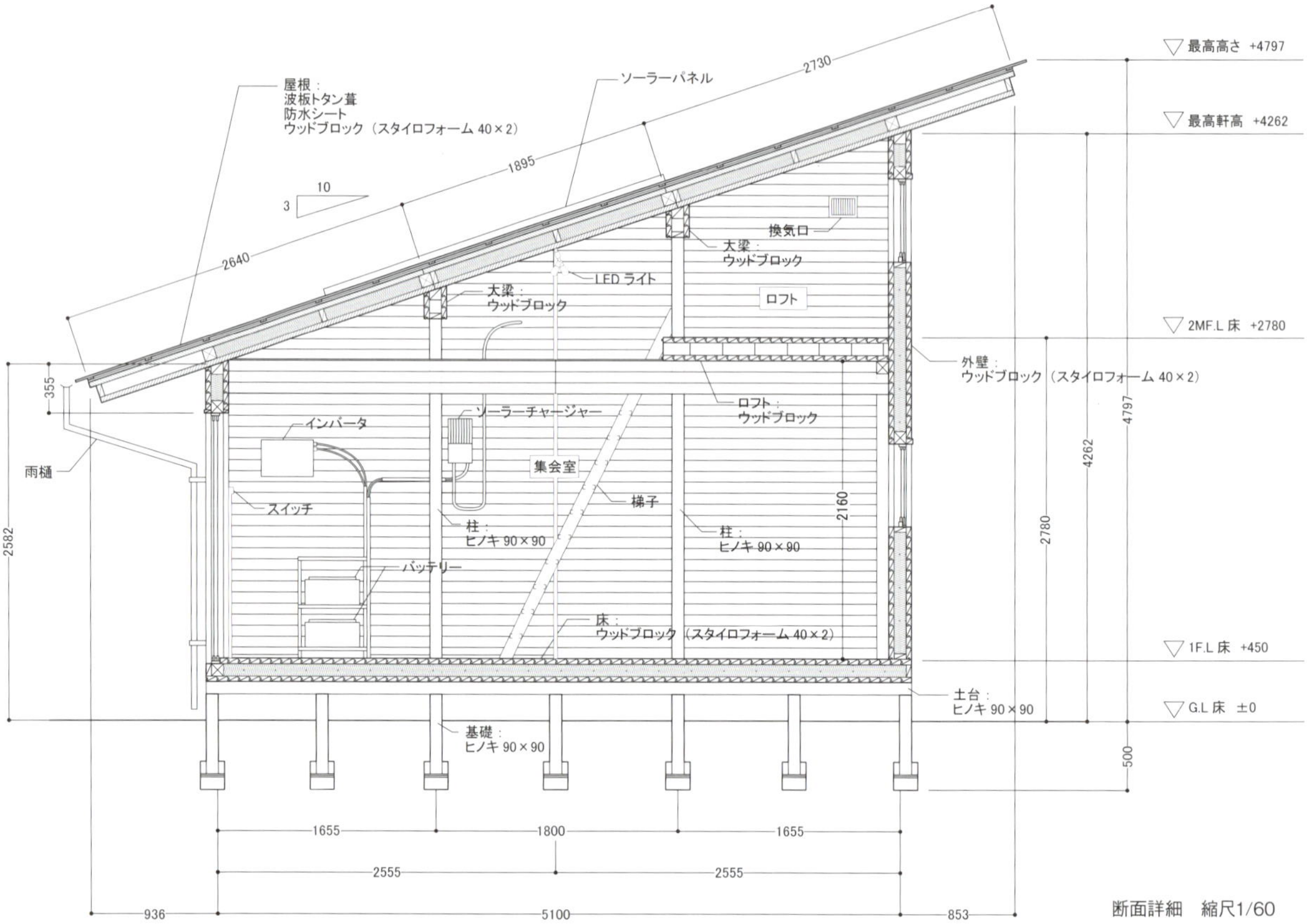

断面詳細　縮尺1/60

※ソーラーパネル215W×6枚、LEDライト6.9W×12個/450lm（30W相当）、バッテリー 12V 60Ah×4個

3.11生活復興支援プロジェクト　協賛・協力一覧

（順不同・敬称略）

【協賛】

株式会社池一ホーム
揖斐川町役場 藤橋振興事務所いび川温泉藤橋の湯
有限会社インテリア・セコー
株式会社エヌ・シー・エヌ
有限会社片山建設
株式会社木楽舎
三洋電機株式会社
株式会社スギヤマ
株式会社末永製作所
株式会社総合資格
ダウ化工株式会社
東海教育産業株式会社
登米町森林組合
内藤英治
社会福祉法人日辰会
公益財団法人日本財団
パナソニックグループ　エナジー社
東日本パワーファスニング株式会社
株式会社富士サービス
株式会社ミカサ
三菱商事株式会社
木材適正使用相談センター　適材適所の会
株式会社レスキューナウ危機管理研究所
レンゴー株式会社
YKK AP株式会社

東海大学建築会
東海大学同窓会岩手支部
東海大学同窓会宮城支部
東海大学情報理工学部コンピュータ応用工学科
　浅川研究室
東海大学チャレンジセンター
　日本縦断キャラバン隊

【協力】

相川地区自治会
イーソリューション株式会社
岩手県大船渡市
大船渡市教育委員会
大船渡市議会議員　平田ミイ子
大船渡市議会議員　三浦隆
大船渡市　互助団体・多目的ホームみんなの家
大船渡市三陸町泊地区公民館
大船渡市立越喜来小学校
大船渡市立越喜来小学校PTA会
株式会社大山都市建築設計
かながわ東日本大震災ボランティアステーション
株式会社計画・環境建築
気仙沼市立大島小学校
公益社団法人国土緑化推進機構
小指契約会
有限会社ササキ設計　佐々木文彦
株式会社サムライファクトリー
学校法人三信学園やまばと幼稚園
認定NPO法人JUONNETWORK
saveMLAK
相州凧の会　内田敏夫
株式会社富永事務所一級建築士事務所
東海大学駅前商店街
東海大学近道商店街
富川由美子
ニドワール洋菓子店
公益財団法人日本ユニセフ協会
東日本大震災支援全国ネットワーク
宮城県石巻市北上総合支所
宮城県図書館
村上八千世

東海大学文学部広報メディア学科
東海大学文学部心理・社会学科
東海大学工学部原子力工学科
東海大学工学部建築学科　高橋研究室　藤井研究室
　諸岡研究室　横井研究室
金子哲也（工学部建築学科非常勤講師）
田島芳竹（同）
富永哲史（同）
平本和也（同）
東海大学チャレンジセンター
　Music Art Project ／キャンパスストリートプロジェクト
　ライトパワープロジェクト／病院ボランティアプロジェクト
東海大学湘南校舎体育会自動車部
東海大学　建築サークル　Tokai Architecture Creators

先駆けとして力強い歩みを

学校法人東海大学 総長
松前達郎

本書の出版にあたり、学校法人東海大学を代表いたしまして、あらためて2011年3月11日に発生した東日本大震災によって尊い命をなくされた方々に哀悼の意を表するとともに、被災されたすべての皆さまに、心よりお見舞いを申し上げます。

震災から1年が経とうとしております。しかしながら、今なお仮設住宅での生活や、故郷から遠く離れた避難先での生活を余儀なくされている多数の被災者がおられるなど、生活復興への道のりにはまだ多くの問題が山積しております。

我々大学人の使命は、教育研究活動を通じて人類の平和と幸福に寄与することであります。まさにこのような国難ともいうべき事態に陥った日本を再建していくために、大学はその英知を結集し、科学技術の進歩のもとに築き上げてきた現代社会を見つめ直し、自然との調和を図った新しい文明社会の構築に取り組まなければなりません。

東海大学学園の創立者・松前重義は、敗戦の焦土にあって若者たちに次のように呼びかけました。「国民は等しく希望の星を探し求めている。私もまたかすかなりといえども清らかなる希望の星を探し求めている。……私は悲観しない。日本はまだ大丈夫である。努力によっては、絶望のごとくに見ゆる燈火も、希望の油を注入して新しき生命の芽生えを見出すことができる。努力しなければならない」

私も、東海大学の若き健児たちに、同じように力強く呼びかけました。そして、彼らが社会に寄り添い、日本復興の先駆けとして力強く歩んでくれることを期待し、学園の総力をあげて彼らの羽ばたきを支援してまいりました。チャレンジセンターの「3・11生活復興支援プロジェクト」は、この1年間、本書に紹介されている支援活動を行ってまいりました。今後も被災地の復興の進展に応じた、柔軟な支援活動を続けていく意欲を持ち続けてくれております。この活動が、被災地にとって、まさに創立者の言う「希望の油」になってくれることを心より願っております。

大学の使命を果たし社会に貢献する

東海大学 学長　髙野二郎

２０１１年3月11日の大震災発生後の混乱の中、本学のチャレンジセンターで活動していた学生諸君が被災地の復興を支援するプロジェクトを立ち上げ、応急住宅建設のための活動を開始したとの報告を受けたとき、大変心強く感じたことを今でもありありと思い出します。

あらためて申すまでもなく、大学には社会的責任があります。とりわけ、国家的非常事態といえる今回の大震災からの復興においては、教育研究機関としてその知・人・力を最大限に生かす使命があると考えております。

しかし、震災直後に私たちが急ぎ取り組むべきことは、東北のみならず関東、中部に及ぶ広範な被災地域の在学生および保護者の方々の安否確認であり、被災した学生やご家族への適切な支援策の決定、学内の建物と施設の安全確認、間もなく始まる新年度学事日程の変更の検討、計画停電下での授業および試験の実施の可否の検討等々でありました。

そのような中、いち早く被災地での医療支援を行った東海大学医学部付属病院の医療チームと並び、学生たちも自ら応急住宅を設計し、被災地に資材を持ち込んで建築にあたり、それを復興の拠点とする活動を始めました。また彼らのほかにも、被災地でのボランティア活動に取り組んだ多くの学生がいます。彼らに対しては一定の条件のもと、チャレンジセンターの「プロジェクト実践」科目の単位を認定できるようにいたしました。

チャレンジセンターは社会貢献、地域活性化、ものつくりなどの活動を通じて、学生諸君に「集い力」「挑み力」「成し遂げ力」という3つの力を身につけてもらうことを目指し、２００６年に発足しました。その中で育った学生諸君が未曽有の災害を目の当たりにし、復興支援のための組織的活動を企画し、つくり上げ、発展させてくれたことは、その5年間の教育実践活動の一つの成果として誇らしく思っております。

東海大学では今後もチャレンジセンターの活動などを通じて、いっそうの人材育成に努めるとともに、社会に貢献していく所存です。

おわりに

東海大学チャレンジセンター所長
大塚　滋　教授（法学部法律学科）

本書は、『被災地と共に歩む』と題されました。単なる復旧ではなく、息の長い復興の支援をプロジェクトの目的に設定した最初の時点からの、学生たちと私たちに共通した思いがそこに表現されています。もちろん、当初はその思いも理念的なもの、単なる決意にすぎませんでした。

しかし、支援活動の準備を開始し、実際に現地に入り、被災の惨状を目の当たりにするだけでなく、地域の方々と幾度となく接し、温かく力強い協力を得ながら復興支援活動を行う中で、その思いは揺るがない体感になっていきました。被災者の方々との共同作業は、ボランティアの原則からは外れることかもしれません。しかしそれを通じて、私たちは決意に具体的なかたちを与えることができました。本書にまとめられた学生たちの肉声は、そのことを如実に示しています。

学生たちはこの1年間の活動を通じて、被災者の方々との間に、「支援する」「支援される」という関係をこえた人間関係を構築し、さらにそれをより緊密なものにする覚悟を持ってくれたと確信しています。まさにその覚悟こそが、そしてその覚悟の継承こそが、長い道のりになる復興を可能にする大前提だと考えています。ですから私たちは臆することなく自信を持って、本書を『被災地と共に歩む』と題することができたのです。

私事になりますが、この書名は私の中にあった、うまく言語化できなかった思いに一つのかたちを与えてもくれました。私は震災後、「私たちはもう2011年3月11日以前に戻ることはできないな」という漠然とした思いに支配されていました。それは時計の針を元に戻せない、ということではなく、あの日に起こったことをそれぞれが自分の問題として真摯に受け止め、それまでの自分たちの考え方や生活に反省を加え、それを爾後の国づくり、社会づくりに生かしていかなければ日本の将来は危うい、という思いでした。

それは間違いなく、膨大な数にのぼる被災者に対する「憐れみ」といった不遜な感情に基づいたものではありませんでした。自分も自然の猛威の前では同じようにちっぽけな存在でしかないという深い共感だったようにも思います。私は学生たちのほとんどの支援活動に同行しましたが、それはこのような思いに突き動かされていたからです。

「被災地と共に歩む」――それはまさにこの一言に言い尽くされている、と思いました。私たちはこれから、被災者を他者としてではなく、可能的な自己として共に歩んでいかなければならないのです。

ただ、私たちプロジェクトは、まだ十分に被災地と共に歩めているわけではありません。今回のような大規模な震災被害に対して、私たちにできることはもとよりほんのわずかです。何がしかのことができたのは、県単位でいうなら岩手県と宮城県だけで、福島県や茨城県などにはそのわずかなことすらできていないのが現状です。その意味で、「被災地と共に歩む」は私たちに課せられた課題であり続けているのです。

この活動に参加してくれた学生たちは計り知れないほど貴重な経験をし、確実に成長してくれました。その経験と活動を通じて新たに獲得した人とのつながりを財産として、これからの人生を歩んでくれるものと信じています。そして、まだ果たしきれていない課題をそれぞれの持ち場で果たす道を探してくれるものと信じています。私たち教職員も、共に歩み始めた者として、課題を果たしていきたいと考えています。

最後になりましたが、この1年間の活動の中で多大なご協力をいただいた数多くの企業、団体、個人の皆さまに対して、心よりの敬意と感謝を表させていただきます。これらの皆さまのご協力なくしてこのプロジェクトの今はありません。ありがとうございました。そして、これからもよろしくお願いいたします。

岩手県大船渡市内（2011年8月9日撮影）

DVD　大船渡こどもテレビ局〜わたしたちの夏休み〜

「3.11生活復興支援プロジェクト」ライフメディアチームが大船渡の子どもたちと制作したテレビ番組「大船渡こどもテレビ局〜わたしたちの夏休み〜」。子どもたちが伝えたかった思い出や大船渡の"今"を記録した。

震災から１カ月半後の2011年５月に大船渡市を訪れた文学部広報メディア学科の学生が制作し、全国14のＣＡＴＶ局で放送されたドキュメンタリー『東海大ミネスタウェーブ７月号「伝えていくということ〜僕たちが見た3.11〜」』も収録。

チャプター１　東海大ミネスタウェーブ７月号
「伝えていくということ〜僕たちが見た3.11〜」（15分）

チャプター２「大船渡こどもテレビ局〜わたしたちの夏休み〜」（40分）

制作・著作　東海大学チャレンジセンター／東海大学文学部

東海大学チャレンジセンター「3.11生活復興支援プロジェクト」
ホームページ　http://deka.challe.u-tokai.ac.jp/3.11lcp/
Facebook　http://www.facebook.com/lifecare3.11

装丁・本文中写真＝3.11生活復興支援プロジェクト
東海大学新聞編集部
裏表紙写真＝登米町森林組合　竹中雅治

被災地と共に歩む　3.11生活復興支援プロジェクト

2012年３月11日　第１版第１刷発行

編　者　東海大学チャレンジセンター

発行所　東海教育研究所
〒160-0023　東京都新宿区西新宿7-4-3　升本ビル
電話 03-3227-3700　ファクス 03-3227-3701
eigyo@tokaiedu.co.jp

発行者　街道憲久

発売所　東海大学出版会
〒257-0003　神奈川県秦野市南矢名3-10-35　東海大学同窓会館内
電話 0463-79-3921　ファクス 0463-69-5087

印刷・製本　株式会社平河工業社

制作協力　東海大学学長室

編集協力　東海大学新聞編集部
村尾由紀　山南慎之介　橘 恵利　白田敦子
齋藤 晋　志岐吟子

装丁・本文デザイン　佐藤裕久

ISBN978-4-486-03743-9 C0037